Helmut Gollwitzer

Erfahrungen mit Weihnachten

Helmut Gollwitzer

Erfahrungen mit Weihnachten

Chr. Kaiser Verlag

4. Auflage 1978
 ISBN 3-459-00826-1

Umschlag von Ernst Eichinger
Gesamtherstellung: Buch- und Offsetdruckerei
Georg Wagner, Nördlingen
Printed in Germany

INHALT

Die außerordentliche Geschichte hat in ihrem sichtbaren Bereich nichts Außerordentliches: Es wird einer geboren und nach einigen Jahrzehnten umgebracht. Es wird einer geboren und trotz elender Verhältnisse freudig begrüßt (wie es erstaunlicherweise Neugeborenen auch heute noch in Slums und Flüchtlingslagern geschieht), später aber, nachdem er einiges Aufsehen erregt hat, als subversives Element von den Ordnungshütern umgebracht. Das ist eine häufige Geschichte. Wir begegnen ihr auch hier, in diesen alten Texten, und daß wir ihr auch hier begegnen, sollte die Folge haben, daß wir das, was wir an *diesem* Exemplum der häufigen Geschichte lernen, anwenden dann, wenn wir anderwärts aufs Gleiche stoßen: auf Neugeborene und auf ihre späteren Richter und Henker, auf subversive Elemente und auf Ordnungshüter, die mit ihnen abrechnen nach der Rechnungsweise: »Es ist besser, ein Mensch sterbe für das ganze Volk, als daß das ganze Volk verderbe« (Joh. 11,50).
Von den häufigen Vorfällen dieser Art wird unser Blick durch kollektives, intensives, tausendfaches Fingerzeigen auf diesen einen gerichtet, seit vielen Jahrhunderten. Diesen einen Hochverratsprozeß, diese eine Hinrichtung können die Menschen nicht vergessen, lassen sie nicht untergehen in der Masse derer, die wegen Gefährdung der öffentlichen Ordnung gekreuzigt, zu Tode gefoltert, garottiert, geköpft, erschossen und vergast worden sind; hier, an dieser einen Stelle, haben Menschen erfahren, gehört, gesehen – auf welche Weise ihnen das auch immer wieder zur Kenntnis und in die Erfahrung gekommen sein mag –, daß die Walze der Macht mit ihrer tötenden Gewalt nicht das letzte Wort hat. An dieser einen Stelle haben sie der Macht mit ihrem unwiderstehlichen Instrument des Tötens eine

andere Macht entgegentreten sehen, die der Tötungsmacht gewachsen ist, die den Getöteten zum Sieger macht, also auch sieghaft die Lebensluft, die er um sich verbreitete, also auch die Lebensweise, zu der er einlud. Von daher verloren sie den alles Aufbegehren niederschlagenden Respekt vor der Macht, die mit dem Instrument des Todes arbeitet; ihre große Verführung zur Kapitulation und zur Anpassung wird durchkreuzt; Freiheit, Leben ohne Angst, Liebe, die Zukunft hat, tritt in den Horizont todbeherrschter Wirklichkeit. Die freudige Begrüßung des Neugeborenen wird durch das Umbringen dreißig Jahre danach, durch den Todesschrei des Verlassenen nicht mehr Lügen gestraft. Es gilt bei diesem Menschen nicht mehr, was gerade durch sein Zu-Ende-Röcheln bestätigt zu sein schien: daß es das Beste für den Menschen sei, nicht geboren zu werden, und das Zweitbeste, bald wieder zu sterben. Auf solche Weise erklärt Lebenserfahrung die Freude am Neugeborenen für töricht, die Eltern sogar in Ställen, Slums und Flüchtlingslagern befällt, und die jedesmal ein Protest gegen die Unzahl von Elends- und Tötungsmöglichkeiten ist. Die resignierte Weisheit der Todeserfahrung, die sich als Lebenserfahrung maskiert, will die Begrüßung des neuen Lebens ersticken, das jedesmal mit neuer Hoffnung seinen Lauf beginnt. Die am Martergalgen von Golgatha gekreuzigte, zuschanden gemachte Hoffnung haben diejenigen, die in den folgenden Jahrhunderten als »Zeugen der Auferstehung« von diesem Lebenslauf sprachen, bestätigt, wiederaufgerichtet, in unumbringbares Recht eingesetzt gesehen, und zwar ausstrahlend auf jede Begrüßung jedes Neugeborenen. Wo neues Leben anfängt, da ist die Hoffnung, die es freudig begrüßt, nicht mehr töricht – nicht *mehr* töricht als die von Ostern bestätigte Hoffnung von Bethlehem und *nicht* mehr töricht seit der Bestätigung der Hoffnung von Bethlehem durch Ostern.

So sind die Texte entstanden, die als »Weihnachtsgeschichte« ins allgemeine Bewußtsein eingegangen sind. Zwei bekannte Charakterisierungen der Evangelien gelten im besonderen für diese Texte: Die Evangelien seien »Passionsgeschichten mit ausführlicher Einleitung«, sagte Martin Kähler, und: spirant resurrectionem (»sie atmen Auferstehung«), sagte Johann Albrecht Bengel von ihnen. Die Erzählungen von der Geburt dieses einen Menschen sind aufgekommen, weitererzählt und niedergeschrieben worden von seiner Auferstehung her, um seiner Hinrichtung willen. Sie schauen vom Ergebnis her auf den Anfang. Sie sehen schon im Anfang das Ergebnis: den Tod und das neue Leben. Sie sehen im Ergebnis die Rettung des Anfangs, und zwar durch die Vernichtung des Anfangs hindurch. Von hier aus wollen sie Hoffnung geben für die Hoffnungen aller Lebensanfänge, gegen die Vernichtung dieser Hoffnungen. Sie wollen diese Hoffnung nicht nur symbolisieren, sie wollen sie begründen, ihr einen festen Grund geben. Sie wissen keinen besseren Grund, sie sehen im weiten Umkreis keinen besseren, keinen zureichenden Grund als den einen, der ihr Inhalt ist: die Menschwerdung Gottes.

Wir wissen nicht, was das ist. »Gott« ist kein Gegenstand desjenigen Wissens, über das wir uns sprachlich verständigen können. Wir verwenden diese Vokabel, sie ihrem sonstigen Gebrauch entfremdend, als ein Wort des Hinweisens. Worauf? Auf etwas, was wir (um mit Paulus zu sprechen) nicht ergreifen können, wovon wir aber ergriffen sind. Auf etwas, was über unser Begreifen hinaus ist, weil wir noch nicht dort angelangt sind, wohin wir durch den, den wir »Gott« nennen, gezogen werden. Und wohin weisen wir mit diesem Wort? Nicht in ein phantastisches oder spekulatives Jenseits, nicht in eine Hinterwelt oder Traumwelt, sondern auf eine Wirklichkeit dieser Erde, eben auf das Leben dieses Jesus von Nazareth. Sehen wir dort »Menschwerdung Gottes«, dann sagen wir: Dieses Leben ist über unser Begreifen hinaus, weil wir noch nicht dort angelangt sind, wohin uns dieses Leben ziehen will. Von diesem Leben sind wir ergriffen, ohne daß wir es schon ergreifen könnten. Dieses Leben ist der Grund, der zur Hoffnung berechtigt, weil es auch die Macht ist, die gegen Hoffnungslosigkeit aufkommt. Ein menschliches Leben war Schlachtfeld und Kampfgegenstand eines Kampfes zwischen Leben und Tod auf Leben und Tod in unser aller Mitte, auf dieser unserer Erde, und in diesem Leben in unserer Mitte waren und sind wir alle Schlachtfeld und Kampfgegenstand. Es ist nichts Einzelnes für sich, wie Gott nichts Einzelnes für sich ist. Das Wort »Gott«, mit diesem Leben in Verbindung gebracht, soll sagen: Dieses Leben, sein Eingang, sein Ausgang, sein Verlauf ist nichts Einzelnes für sich, ist auch nicht nur ein Einzelnes im Zusammenhang mit allem anderen. Es ist umfassend; nichts kann sich ihm entziehen. Es ist entscheidend für alles andere; in ihm ist über alles andere entschieden. Es ist die Negation dessen, was uns kaputt macht; seinem Angriff wird nicht standhalten können, was uns kaputt macht. »Menschwerdung Gottes« will also sagen: Auf dieses Leben läßt sich vertrauen; von diesem Leben her kommt umfassende Rettung; dieses Leben rufen wir an aus der Tiefe unserer Hoffnungslosigkeiten; dieses Leben hat alles geändert, ändert alles und wird alles ändern zum Guten, zum Leben. Das ist der neue Inhalt des Wortes »Gott«.

So ist es uns gesagt. Das ist das Erstaunliche, was wir hören und daraufhin uns selbst und anderen weitersagen. Darum geht es an »Weihnachten«. Die Nacht ist also »geweiht«? Das Wort ist bedenklich, wie Geschichte und Stimmung des Festes beweisen. Denn die Nacht des menschlichen Lebens soll ja gerade nicht »geweiht« werden, nicht sanktioniert werden oder eine bessere Deutung bekommen, wie es menschliche Hilflosigkeit, um sich selbst zu trösten, in den Religionen und Weltanschauungen immer wieder versucht hat – schlechte Versöhnung mit der nächtigen Welt, wie sie ist –, um sich leichter mit ihr abfinden zu können. »Was ist, ist nicht wahr« (Ernst Bloch) – das sagt die Erzählung des Todes- und Auferstehungslebens Jesu von Nazareth. Sie gibt der menschlichen Nacht nicht eine Weihe, sondern greift sie an, verneint sie, durchbricht sie und setzt in siegesgewissen Widerspruch gegen sie.

Der Widerspruch hat alles für sich, was wir gegen die Nacht auf dem Herzen haben, alle unsere Wünsche nach Glück, Liebe, Licht; der Widerspruch hat aber nichts hinter sich als dieses eine Leben mit dem, was dieser eine Mensch allein hinter sich hatte: seine Sendung, auf die er sich berief gegen alle, die er damit herausforderte, und den, der ihn gesandt hat. Der Widerspruch gegen die mächtige Nacht hat also scheinbar nichts hinter sich, nur eben diesen Jesus, der selbst nichts hinter sich hat, nur eben den Vater, den er doch nicht einsetzen kann mit zwölf Legionen Engeln zur Änderung seiner Situation gerade in dem Augenblick, da die Nacht ihn wegen seines Widerspruchs gegen sie verschlingt. Das ist die Situation des Glaubens. »Es hat sich nichts geändert durch das verlorene Leben jenes Jesus«, sagt die Nacht; »es hat sich alles geändert«, sagt der Glaubende in die Nacht hinein und hat keinen anderen Beweis für seinen Widerspruch als diesen Widerspruch selbst – wie könnte es auch anders sein? Das Neue kann ja nicht aus dem Alten bewiesen und gerechtfertigt werden, der Tag nicht aus der Nacht. Vom Leben her widersprechen wir dem Tod, auf nichts anderes uns berufend als auf die ersten Strahlen des Lebens, die zu uns vorgedrungen sind.

Der Widerspruch, zu dem wir ermächtigt werden und der beim Gedenken der Geburt Jesu Christi auszurufen ist, beginnt mit Hören und Weitersagen, also mit Gedanken und Worten, er will real werden in Werken – so wie sich ja auch unser Hörigsein an die Nacht realisiert in »Gedanken, Worten und Werken«. Werke des Widerspruchs und der Hoffnung sind die »Konsequenzen von Weihnachten«, die unerläßlichen; ohne sie sind die Gedanken und Worte nur Gerede. Und umgekehrt: Werke des Widerspruchs und der Hoffnung, wo sie sich nur finden, von Menschen gegen die mächtige Nacht gewagt und aufgerichtet, verlangen in ihren Verlegenheiten, angefochten durch die Macht der Ge-

genseite, gelähmt durch ihre Aussichtslosigkeit, nach dem stärkenden Trost der Vergewisserung; verheißungslos versacken sie. Das Leben Jesu Christi ist die Verheißung für alles Wirken in der Nacht gegen die Nacht. Darum kein Streit um die Priorität der Gnade oder der Werke! Die Gnade ruft nach den Werken, und die Werke rufen nach der Gnade. Die Werke bedürfen des Trostes, und der Trost will in Werken real werden. *Getröstetes Wirken:* das ist die Veränderung, die die alles verändernde Tatsache Jesus Christus bei uns zuwege bringt.

Die Weihnachtsansprachen aus den Jahren 1938 bis 1967 sind alle in dem gleichbleibenden Horizont der Erfahrung der Konfrontation von Botschaft und nächtiger Zeit gehalten. Sie sind alle politisch. Sie sind alle zu Menschen gesagt und von Menschen gehört worden, die Opfer politischer Entscheidungen waren und wurden, und die sich selbst politisch zu entscheiden hatten, mit allen Risiken solcher Entscheidungen. Den Opfern wurde am eigenen Leibe klar, daß es keine Trennung zwischen dem privaten und dem politischen Leben gibt, keinen Bezirk des Persönlichen außerhalb des politischen Zusammenhanges und abgeschirmt von ihm; so mußte dies dann auch fürs Tun klar werden, also auch fürs Glauben. Solche Trennungsversuche durchziehen die Geschichte der Christenheit und ihrer Predigt. Das Weihnachtsfest ist von ihnen weithin geprägt: Fluchtversuch ins Idyll, verständlich – und wieso denn nicht auch berechtigt? Nur: die Weihnachtstexte sind das störende Element dabei, mißdeutet und mißbraucht, wo sie die Idylle bestätigen sollen. Als Rudi Dutschke und seine Freunde in den Christnacht-Gottesdienst der Berliner Kaiser-Wilhelm-Gedächtniskirche 1967 ihre Vietnam-Plakate hineintrugen, da meldeten sie die Störung der Weihnachtsidylle durch die Weihnachtsbotschaft an und bekamen dafür die Prügel der ihren Fluchtversuch in die kirchlich angebotene Idylle verteidigenden Gottesdienstbesucher.
Die Hörer der Dahlemer Weihnachtspredigten von 1938

und 1939 waren Glieder der zum Gebet für Niemöller und alle anderen Verhafteten und Verfolgten des Hitler-Regimes sich sammelnden Fürbitt-Gemeinde, geängstigte Juden, die bald darauf emigrierten oder deportiert und umgebracht wurden, zum Widerstand entschlossene Bürger, die den 20. Juli 1944 vorbereiteten und ihn dann mit dem Tode bezahlten. Jedes Wort wurde damals gesprochen in der Erfahrung des schreienden Widerspruchs zwischen der Macht der Nacht und der Ohnmacht der Botschaft, zwischen dem Augenschein der tötenden Macht und der Unanschaulichkeit und Unglaublichkeit der Verheißung – und zugleich in der Erfahrung der Kraft der Verheißung, die uns in den Widerspruch und Widerstand rief, der wir folgen mußten klopfenden Herzens, nicht wissend, ob und wieweit sie uns tragen werden, im täglichen Schritt vom Unglauben zum Glauben. Worte schienen gering und wurden immer wieder groß. Oft war es kaum mehr möglich, den Mund aufzutun, da doch alles Lügen gestraft zu sein schien, und doch wurden Worte gegeben, die von Tag zu Tag weiterhalfen. Auf dem Wege vom Stuhl zum Pult versank mir am 1. Feiertag 1938 unter dem Andrange böser Nachrichten (Judendeportationen, KZ-Polen, Bedrohung der Leitung der Bekennnenden Kirche wegen ihres Gebetsvorschlags für den Frieden) alles, was ich mir für die Predigt notiert hatte, als unverhältnismäßig und unkräftig; im Stegreif gab ich – wohl in Erinnerung an das bekannte Krippengespräch des Kirchenvaters Hieronymus – Worte des weissagenden Propheten als Worte des Kindes Jesus an uns, seine verzagte Gemeinde, weiter, und sie wurden durch nichts widerlegt, was sie in den folgenden Jahren zu widerlegen schien.

Nach 1950 wurde es nicht grundsätzlich anders. Die Verhältnisse waren gründlich verändert, jeder von uns hatte mit neuen Problemen zu tun. Nicht geändert hat sich die Konzentration der christlichen Botschaft auf die Geschichte dieses einen Menschen als die für unser aller Geschichte entscheidende Geschichte, nicht geändert ist der Auftrag der

Gemeinde, nicht geändert ist die Unverhältnismäßigkeit zwischen der Winzigkeit dieser angeblich alles verändernden Geschichte Jesu Christi und den ungeheuerlichen Dimensionen der Weltgeschichte, nicht geändert der Widerspruch des Neuen gegen das Alte, nicht geändert darum auch der Gegensatz, in den das Evangelium seine Hörer versetzt: der Gegensatz gegen den herrschenden Klassenkampf von oben, gegen die Systeme der Unterdrückung und Ausbeutung, die unverschleierten und verschleierten, auch gegen ein an diese Systeme angepaßtes Christentum.
Die Veränderung der Verhältnisse, das Auftauchen neuer Probleme und Ideen ändert auch das Sprechen der Geschichte Jesu Christi zu uns, also auch unser Verstehen dieser Geschichte. Soweit ich selbst die Veränderung, die das in meiner Auslegung weihnachtlicher Texte zur Folge gehabt hat, beurteilen kann, fällt mir auf: Vor 1945 ging es um *getröstetes* Wirken, nach 1950 um getröstetes *Wirken.* Gefahr und Ohnmacht in der Hitlerzeit preßten aus der Botschaft den Trost der Verheißung heraus, der zu Konspiration, Judenunterstützung, öffentlichem Bekennen und subversivem Wirken Anstoß, Mut und Hoffnung gab. Wäre nach 1950 der Ton der gleiche geblieben, dann hätte die Auslegung ihren Dienst getan für die privaten Bedrängnissituationen, in denen wir der Tröstung und der Ermunterung immer bedürfen, aber eben nur für diese. Die Auslegung hätte nicht aufmerksam gemacht auf die Werke des Widerspruchs, zu denen Jesus gesendet ist und an denen seine Jünger teilhaben, oder sie hätte diese Werke des Widerspruchs nur in der Enge der Innerlichkeit und des persönlichen Umkreises aufgesucht. Jesu Geschichte ist aber die Herausforderung der alten *Welt,* nicht nur der alten Gefühle und Willensneigungen, sie ist Entmächtigung der alten Mächte zum Zwecke der mutigen Gehorsamsverweigerung, Unterhöhlung und mindestens partiellen Stürzung; sie ist Herausforderung im politisch-sozialen Bereich ebenso wie im innerlichen und im privaten Bereich, untrennbar beides. Das lag jetzt, in endlich erreichter Demokratie, bei

offizieller Geltung des Versprechens des sozialen Rechtsstaates, weniger auf der Hand als während der faschistischen Brutalität. Der Anspruch der Geschichte Jesu Christi auf unser ganzes Leben als Gesellschaftsglieder mußte nun hervortreten, wie damals der Zuspruch für dieses Leben im Vordergrund stand.

Der Unterschied ist natürlich nur relativ. Wer durch die Geschichte Jesu Christi provoziert und sensibilisiert wird, der sieht die verschleierte Brutalität unserer Gesellschaft, der bekommt sie auch zu spüren, sobald er aktiv wird; dann wird ihm, wo er für die Revolution der Humanität aktiv wird, die Übermacht der Konterrevolution in Ost und West genau so zur Bedrängnis und zur Versuchung wie damals die Übermacht des totalitären Staates. Wie ihn die Geschichte Jesu Christi zum Tun herausfordert, so bedarf er ihrer, um getröstet wirken zu können.

Berlin, 1. August 1972

Helmut Gollwitzer

I Vorbereitung

WARTEN KÖNNEN WIE DIE KINDER

Selig sind, die da geistlich arm sind;
denn ihrer ist das Himmelreich.
Matthäus 5,3

Manchen von uns ist es in diesen Tagen vielleicht nicht vergönnt, aber viele werden es jetzt doch erleben: diese besondere Bewegung der vorweihnachtlichen Tage: das Nachdenken, was dem und was jenem zu schenken sei, das Basteln und Überlegen der Kinder mit ihren Geschenken, ihre Neugier auf ihren Gabentisch, das Singen der Lieder und das eigenartige Freundlicherwerden der Menschen zueinander. Wir klagen mit Recht über den Weihnachtstrubel, der Verwandlung des innigen Festes in eine aufreibende Geschäftsangelegenheit, – aber wir können ja nicht übersehen, daß das seinen Grund eben in der Eigenart des Weihnachtsfestes hat, die wir alle nicht missen möchten, und die es in anderen Religionen nicht wieder gibt: ein Fest, das uns zuruft, wir seien wunderbar Beschenkte, wir gingen entgegen einer großen Bescherung, wir sollten uns freuen und darum jetzt schon allen unsere Freude zeigen und ihnen zu gleicher Freude verhelfen, als Beschenkte zu Schenkenden werden. Eben daraus ist die Sitte des Schenkens an Weihnachten entstanden, die Atmosphäre der Freundlichkeit, das Entzünden der Kerzen, – davon lebt dieses Fest. Aber es geht zugrunde, es verfällt dem Betrieb und der Leere, wenn es nicht mehr gehalten wird von dem Mittelpunkt: »Ein Kind ist uns geboren, ein Sohn ist uns gegeben«, vom Mittelpunkt, den die Engelsbotschaft ausspricht; denn sonst wird unser Schenken Selbstzweck und eben dadurch dem Geschäft, der Eitelkeit und der Habsucht dienstbar. Sinn, guten Sinn hat an Weihnachten alles nur, soweit es Gleichnis bleibt für die Hauptsache, und soweit die Hauptsache die Hauptsache bleibt.

Gleichnis soll uns heute vor allem das Warten und Kaum-mehr-erwarten-Können der Kinder sein. Sie warten, weil sie wissen, daß die Tür aufgehen wird und sie hineingehen dürfen; sie können es kaum mehr aushalten – und doch ist es nicht ein quälendes, sondern ein freudiges Erwarten; die Augen sind nicht trübe und nicht geängstigt dabei, sind ganz anders, als wenn z. B. Leute am Spieltisch sitzen und mit fiebriger Spannung zusehen, wie die Kugel rollt. Woher kommt das? Daher, daß eine *Gewißheit* da ist. Die Frage ist nicht, ob da drinnen etwas Schönes oder etwas Häßliches auf sie wartet, sondern nur noch, *was* das Schöne sein wird, und *wie* es sein wird, wenn man's endlich hat und sehen und genießen kann. An der kindlichen Weihnachtserwartung kann man ablesen, was es heißt, unter einer Verheißung zu stehen, auf die man sich verlassen kann, von einer Hoffnung erfüllt zu sein, die freudig ist, weil sie gewiß ist. Sie unterscheidet sich tief von den vielerlei ungewissen Hoffnungen, die jeder von uns gut genug kennt und sich täglich macht. In der Gefangenschaft gingen in den Lagern der Kriegsgefangenen immer wieder Flüsterparolen herum, die Entlassung und Heimkehr für die nächste Zeit, den nächsten Monat, für das Ende des Jahres prophezeiten. Viele klammerten sich daran und waren dann durch die Enttäuschung nur noch entmutigter und entkräfteter als zuvor. Eine ungewisse Hoffnung ängstigt, verschärft die Lebensangst, die ohnehin schon da ist; sie macht schreckhaft, bringt uns in die Konkurrenzhaltung, wenn das Risiko besteht, daß vielleicht ein anderer das Erhoffte kriegen könnte statt mir; sie ruft alle bösen Geister der Furcht, des Neides und des Mißtrauens wach. Die gewisse Hoffnung macht bei aller Spannung gelassen und ruhig, mitteilsam und offen, großmütig und den anderen Menschen zugeneigt.

Ist das kindliche Warten Gleichnis, dann ist's gleichzeitig ein Anruf. Er sagt: Ihr seid gerade so dran wie diese Kinder; ihr versteht eure Lage nur dann richtig, wenn ihr erfaßt und ermeßt: es steht mit uns genauso, wir müssen nicht mit Neid auf die Kinder schauen: Wer auch noch einmal jung sein, wer auch noch einmal an einer Eisenbahn und einer Puppe und einer Johanna Spyri sich so freuen könnte wie ein Kind! Der Unterschied zwischen Kindern und Erwachsenen besteht ja nicht darin, daß Erwachsene sich nicht mehr freuen könnten. So sieht's freilich aus, wenn manche so vergrämt und verbittert herumlaufen, – nur: es gehört so sehr viel mehr dazu, um einen erwachsenen Menschen, der hart und oft auch stumpf geworden ist durch alles, was er schon erlebt und durchgemacht hat, noch zum Freuen zu bringen, es muß sehr viel wichtiger sein. Genügt beim Kind ein kleiner Sonnenstrahl, um es zum Lächeln zu bringen, dann muß es bei manchem Erwachsenen schon eine ganze ausgewachsene Sonne sein, damit das gefrorene Herz auftaut und das faltige Gesicht zu strahlen anfängt. Aber damit wird hier offenbar gerechnet. Euangelion – ein Kunde und Ankündigung, bei der keiner Anlaß hat, sich zu fürchten, die Mundwinkel hängen zu lassen, die kein Recht läßt, skeptisch zu sein – wie sollten wir es nicht sein und nicht Grund genug dazu haben, nachdem wir schon so viele Ankündigungen in unserem Leben gehört haben, – und dann war es nichts Großes oder das Gegenteil, nur der Auftakt zum Schlimmsten. Alle Religion hat das Reichsein gefordert und zur Voraussetzung von Belohnung und Seligkeit gemacht, das Reichsein an Leistung, an Tüchtigkeit, an höherer Anstrengung, mindestens an Empfänglichkeit für das Höhere. Das Unvergleichliche, das mit dem Evangelium über die Welt gekommen ist, ist die Bedingungslosigkeit und Uneingeschränktheit dieses Freudenrufes, ist diese unbedingte Freudenzumutung, die nichts gegen sich gelten läßt, keinem Gegengrund Gewicht zugesteht, – das hat es noch nicht gegeben, so ist Gott noch nie gesehen worden: so, daß sein Kommen reine, ungetrübte Freude ist, – so haben Menschen noch nie der Zukunft entgegen zu gehen gewagt: wie Kinder der aus dem Weihnachtszimmer her-

austretenden Mutter entgegen, um hineingeführt zu werden zur Freude. Was z. B. in der Bergpredigt auch steht an Erschreckendem, Drohendem, Forderndem, – es darf auf keinen Fall so verstanden werden, als solle damit die Unbedingtheit, die feste Geltung des »Selig«-Rufes, mit dem sie beginnt, irgendwie eingeschränkt werden; es ist sicher mißverstanden, wenn es als Schmälerung, als Angstmachen verstanden wird. Die Seligpreisungen, die am Anfang stehen, sind das Hinwegräumen von all dem, was wir anführen, wohinter wir uns verschanzen könnten, um den Freudenruf nicht an uns herankommen zu lassen, alles Aber, das wir mit guten Gründen dagegen meinen vorbringen zu können. Auf alle diese Aber sagen die Seligpreisungen: *Gerade ihr!* Gerade ihr, für die das zutrifft, gerade ihr sollt jetzt erwartungsvolle Freude haben!
Besonders die vier ersten Seligpreisungen sprechen das aus: sie sind die Aufzählung aller Hoffnungslosigkeiten. Sie beschreiben Leute, die im Leben zu kurz gekommen sind, die es nicht geschafft haben, die draußen vor der Tür stehen, ohne Aussicht hinein zu kommen, denen sich das Leben nicht gelohnt hat und nicht lohnen wird, Ausgeschlossene vom großen Freudenfest. Ja, indem sie solche Leute anreden, machen sie uns alle zu solchen Leuten. Sie fragen uns, ob wir uns nicht selbst in einer dieser Gruppen vorfinden, sie enthüllen uns als solche Leute. Wir sehen vielleicht normalerweise nicht so aus: es sind gescheite und lebenstüchtige Leute unter uns, sittlich gefestigt, hochstrebend, auch in festen christlichen Überzeugungen stehend, weder geistig noch geistlich arm. Man hat gegenüber den biblischen Sätzen von dem Blut Christi als einzigem Grund unserer Seligkeit im Laufe der Jahrhunderte immer wieder gefragt, ob nicht die edlen Heiden auch ins Himmelreich kämen, Gott könne doch so wertvolle Leute, die sich strebend bemüht haben, nicht einfach ausschließen. Man hat mit dieser Frage verraten, daß man bei den Nicht-Wertvollen, bei der ganzen großen Masse armseliger Tröpfe, die es nie zu etwas Rechtem gebracht haben, bei der ganzen großen Masse ar-

mer Materialisten und Atheisten und Götzendiener diesen Ausschluß für ganz gerechtfertigt halten würde. Darum ist ja auch jeder darauf bedacht, bei sich selbst etwas Gutes festzustellen, das er sich wie einen Orden ankleben und wie einen Passierschein vorzeigen kann, wenn es um die Frage geht, wer würdig sei für das Reich Gottes. Geistlich arm sein – das will doch keiner.

Und wir hungern und dürsten vielleicht nach der Gerechtigkeit, die uns nicht zuteil wird, nach dem Recht, das man uns vorenthält. Wir knirschen mit den Zähnen vor Empörung, wir sind im Recht, aber man tut uns Unrecht, und darum klagen wir und klagen an, Gott und die Welt. Aber hungern und dürsten nach der Gerechtigkeit, die uns an uns selber fehlt, klagen darüber, daß wir im Unrecht, daß wir selbst die Unrechten sind, – das kommt uns hart an, dazu verstehen wir uns selten, das suchen wir zu vermeiden, so wollen wir nicht dastehen, diese Hoffnungslosigkeit scheuen wir.

Aber nun, wenn in Jesus Gott selbst unter uns tritt und die geistlich Armen selig preist, das heißt, den Ausgeschlossenen die Tür zur großen Hoffnung auftut, da vergeht uns vielleicht die Scheu, und wir wagen zum ersten Mal einzugestehen, wie wir wirklich dran sind: Was sind unsere Tüchtigkeiten, unsere Christlichkeit, die uns selbstzufrieden machten, – was anderes als ein Versuch, Gott Sand in die Augen zu streuen. Nun fängt einer neben uns auf einmal an, unter dem hellen Licht, das von Gott ausgeht, zu bekennen: »Wir sind allesamt wie die Unreinen, und alle unsere Gerechtigkeit ist wie ein unflätiges Kleid« (Jes. 64,5). Und so kümmerlich wie unsere Worte und unsere Tugenden sind auch die Hoffnungen, mit denen wir leben. Wenn auch wir hier in der Kirche jetzt nacheinander aufstünden und die Hoffnungen bekennten, die uns wirklich wichtig sind und aufrechterhalten: wenn es uns einigermaßen geht, daß es nicht wesentlich schlimmer wird, – und wenn es uns schlecht geht, daß dies nicht so bleibt, sondern sich wieder einmal zum Besseren kehrt, – daß der Status von Westberlin gehalten wird und wir weiter so leben können, wie es uns lieb ist, – daß kein Atomkrieg, überhaupt kein Krieg kommt, denn »ein zweites Mal mach' ich das nicht mehr mit«, – daß das beunruhigende Geschwür sich als harmlos herausstellen möge. Und die Faktoren, auf die wir unsere Hoffnung setzen, sind ebenso kümmerlich: die wirtschaftliche Konjunktur, die kluge Politik in Washington und Bonn, die abschreckende Wirkung der Atomwaffen, die Kunst der Ärzte, mein Pensionsanspruch.

Und ebenso kümmerlich ist der Gewißheitsgrad: »hoffentlich« sagen wir und zucken dabei mit den Schultern. Dies alles ist Ausdruck von Hoffnungslosigkeit, von Mangel an wirklicher, großer, gewisser, freudiger Hoffnung. Hinter dem allen steckt eine bleierne Resignation, die der wichtigste Grundzug unserer Zeit ist; auch die marxistische Hoffnung, die noch am meisten darüber hinaus zu ragen scheint, trägt diese Resignation in sich. Mehr ist uns Menschen im besten Falle nicht beschieden, als daß wir es zu einer etwas vernünftigeren Gesellschaftsordnung, zu etwas mehr sozialer Gerechtigkeit, zu etwas mehr äußerer Sicherheit und Versorgung bringen. Und der Umschlag aus solchen Hoffnungen in die Verzweiflung lauert zu jeder Stunde; das zeigt sich, wenn der Boden unter unseren Füßen einmal ein wenig wankt wie seit einigen Wochen hier bei uns; dann bricht die Angst um das bißchen Glück, das bißchen Besitz, das bißchen Leben auf und vergiftet alles. Wir stehen heute in der Andeutung eines kleinen Weltuntergangs, in der Gefahr eines Untergangs unserer hiesigen Welt, und Unzählige unter uns schwanken zwischen Angst vor dem Kommenden und Hoffnungen auf Menschen und Mächte hin und her, sind heute tief erschreckt durch einen Ton aus Moskau und morgen sehr getröstet durch ein Wort von der Pariser Konferenz. Aber viel wichtiger ist, dies alles als eine Frage nach der *wirklichen* Hoffnung unseres Lebens zu nehmen und dabei zu entdecken, wie hoffnungslos wir uns trotz des offiziellen Christentums draußen vor der Tür herumtreiben mit kleinen, kümmerlichen Hoffnungen, uns nährend wie der verlorene Sohn von Schweinetrebern und nicht mehr glauben könnend, daß wir fürs Große, für das Reich Gottes geschaffen sind. Indem wir das immer wieder tun, befördern wir auch die Hoffnungslosigkeit um uns herum. Der Atheismus, der uns heute so beschäftigt, ist ja nichts als deren Ausdruck: in einer Welt ohne Gott gibt es natürlich weder eine große noch eine gewisse Hoffnung. Aber wie soll die Welt aus ihrer gottlosen Resignation herauskommen, wenn nicht Christen als Träger der großen Hoffnung so unter ihr sind, wie damals z. Zt. des Neuen Testamentes armselige Menschen, Fischer, Zöllner, Sklaven, also Menschen in Lagen, die ganz hoffnungslos zu sein schienen, die ausgeschlossen von Glück, Freiheit und Frömmigkeit waren, von einer so strahlenden Hoffnung und Lebensbejahung erfüllt wurden, daß sie alle die gerechten Phariäser übertrafen und die hochgeistigen, skeptischen Römer überwanden. Dies war dadurch entstanden, daß Jesus zu ihrem Herrn geworden war und sie aus dem Munde dieses ihres Herrn den Heilsruf gehört hatten: gerade ihr da draußen, ihr ganz Armen, für die niemand mehr einen Heller gibt, die nichts aufzuweisen haben, mit denen gerade nur noch durch Gottes Wirklichkeit, aber durch nichts anderes es anders werden könnte, ihr seid gemeint, aus euch soll etwas Großes werden, mit euch hat Gott noch etwas Großes vor.

Da verlor damals seinen Schrecken, was bis dahin als das Schrecklichste galt: da verlor z. B. ein solcher Mensch durch Krieg seine Freiheit und geriet in Sklaverei, – aber wohin er kam, wirkte er auf Mitsklaven und Herren wie ein Lebenskeim, und es stellte sich heraus, daß er freier und lebendiger war als die anderen, die frei herumliefen und ihn drangsalierten. Da wurden sie ins Gefängnis geworfen und gerieten ins Martyrium und haben Angst und Schande und Verlust nicht weniger gespürt als jeder andere – und doch war das überwunden immer wieder durch das neue Leben, die große Hoffnung, die in ihnen war, und ihr Blut war wie ein ausgestreuter Same. Das soll und das will dieser

Advent auch heute bei uns und an uns leisten: uns die Kümmerlichkeit unserer eigenen kleinen Hoffnungen aufdecken und uns die ganze Armut sehen lassen, in der wir stecken, wo wir auf uns selbst angewiesen sind, und dann in diese Armut hinein Gottes Wirklichkeit stellen, die dem Schrecken das Schreckliche nimmt, weil sie unser Leben unter eine ganz andere Hoffnung und ganz andere Aussicht stellt. Reich Gottes, das ist die große Gemeinschaft mit dem Leben Gottes, das nicht dem Tod unterworfen ist, das ist das große Ziel Gottes mit uns, aber nicht nur mit uns, sondern mit seiner ganzen Schöpfung. Das macht dann nicht gleichgültig gegenüber den Nöten und Gefahren, das macht nicht passiv, – sondern mit ganz anderer Zuversicht können wir dann daran gehen, das Nötige und Mögliche zu tun; die Vernunft, die unter dem Druck der Angst immer nach dem Falschesten griff, kann sich entwickeln, und wir könnne unterscheiden zwischen Mitteln und Methoden, für die wir um Gottes Segen bitten können, und solchen, die nicht die Verheißung des Segens haben und darum zu nichts Gutem führen werden, wieviel man sich in der Angst auch von ihnen verspricht. Wir können dann zugleich *gelassen* alles Gott anvertrauen im Wissen, daß auch dann, wenn es anders kommt, als wir wünschen, nicht aller Tage Abend ist, sondern Lobgesänge mitten in der Nacht möglich sein werden, *und entschieden* für die irdischen Güter, für Freiheit und Recht eintreten, für die Erde sorgen gerade, weil sie uns nicht das Einzige und das Letzte ist. Unsere Seligkeit, unser Glück steht auf dem, was uns nicht genommen werden kann, gerade weil es nicht aus uns stammt, nicht von uns geistlich Armen geleistet worden ist, sondern weil Er es hereinbringt, der jetzt von Bethlehem her uns die Tür auftut.

Maria aber stand auf in den Tagen und ging auf das Gebirge eilends zu einer Stadt in Juda und kam in das Haus des Zacharias und grüßte Elisabeth. Und es begab sich, als Elisabeth den Gruß Marias hörte, hüpfte das Kind in ihrem Leibe. Und Elisabeth ward des heiligen Geistes voll und rief laut und sprach: Gebenedeit bist du unter den Weibern, und gebenedeit ist die Frucht deines Leibes! Und woher kommt mir das, daß die Mutter meines Herrn zu mir kommt? Siehe, da ich die Stimme deines Grußes hörte, hüpfte vor Freuden das Kind in meinem Leibe. Und o selig bist du, die du geglaubt hast! denn es wird vollendet werden, was dir gesagt ist von dem Herrn.
Lukas 1,39–45

Hier grüßen sich Verheißung und Erfüllung. Ein unvergleichlicher Gruß ist das, eine unvergleichliche Begrüßung zweier Menschen, die zueinander kommen als die Träger der Verheißung und der Erfüllung – *dieser* Erfüllung und *dieser* Verheißung. Man muß wohl verstanden haben, wie unvergleichlich das ist, was hier verheißen ist und was hier erfüllt wird, wie es gar nicht verglichen werden kann mit allem, was wir uns sonst versprechen lassen oder selbst versprechen, mit allen Wünschen, um deren Erfüllung wir bitten, um über diese Begegnung hier staunen zu können. Als der Evangelist Lukas sie zu schildern unternahm, da war es ihm eben darum zu tun, jetzt noch, bevor die Geburt des Heilandes selbst geschieht, gleichsam am Eingangstor zu Bethlehem ins Licht zu stellen, was dort geschieht: wie sich in dieser Geburt erweisen wird, daß Gott in keiner einzigen von seinen Verheißungen zum Lügner wird, daß er in allen Punkten ganz treu und wahrhaftig ist.
Was diese beiden Frauen zusammenführt und was sie verbindet, das ist jetzt etwas ganz Neues; versunken ist alles, was sie sonst gemeinsam hatten, Freundschaft und Verwandtschaft – jetzt gilt nur noch die neue Welt Gottes. Sie schaffte eine Begegnung, eine Zusammengehörigkeit, die

unzertrennlich ist. Niemand konnte jetzt mehr aufeinander angewiesen sein als diese beide Frauen: Sie kamen zusammen, wie göttliche Verheißung und göttliche Erfüllung zusammenkommen müssen, wenn nicht die ganze Welt auseinanderbrechen und in den Abgrund versinken soll. Ein Wunder Gottes, das Herabkommen der neuen Welt in die alte Welt, das ist es, was diese beiden Frauen zusammenführt und sie zusammenschließt; das macht diese beiden Frauen zum Zeichen der Kirche. Hier grüßt sich das, was in der Kirche zusammenfällt. Ohne dieses Wunder Gottes ist die Menschheit so, wie diese beiden Frauen ohne das Wunder Gottes sind: die eine die unreife, die andere die alte und unfruchtbare. Das ist ja wohl der Eindruck, den die Menschheit ihrem Schöpfer macht: daß sie durch ihre eigene Schuld anscheindend entweder zu töricht und zu unreif ist für dieses Leben und darum alles, was Gott gut anfängt, immer wieder schlecht weiterführt, oder, wenn sie dann schon weise geworden ist, dann ist es eine unfruchtbare Weisheit, und sie ist gelähmt, noch etwas zu tun. Durch das Wunder Gottes entsteht in dieser unreifen und unfruchtbaren Welt der Menschen die neue Welt Gottes.

Warum eilt Maria so übers Gebirge? Es ist eine lange Reise; für eine junge Frau ist es keine Kleinigkeit, wenn sie sich dazu aufmacht. »Eilends«, so schreibt der Evangelist, eilends ging sie. Das deutsche Volkslied hat gerade diesen Gang der Maria übers Gebirge als das irdische Gleichnis des Geheimnisses so gern dargestellt: daß hier nun der Heiland im Leibe seiner Mutter über das Gebirge der Welt getragen wird und die Morgenröte damit aufgeht über den Bergen dieser Erde und unseres Lebens. Aber warum eilt sie so? Was drängt sie so dahin, daß sie jetzt zu Elisabeth gehen muß? Es war ihr ein Wort gesagt worden. »Siehe«, so hat der Engel gesagt, »siehe, Elisabeth, deine Gefreundte ist auch schwanger mit einem Sohn in ihrem Alter und geht jetzt im sechsten Monat, von der man sagt, daß sie unfruchtbar sei. Denn bei Gott ist kein Ding unmöglich.« Das ist der Maria als ein Zeichen gesagt. Und wenn es sie

nun drängt, zu Elisabeth zu kommen, so ist es in ihr der Glaube, der sich bestätigt sehen will durch das Zeichen, das Gott ihm darreicht.
Wieso braucht sie ein Zeichen? Braucht der Glaube ein Zeichen? Ist das nicht gerade Glaube, daß er am nackten Wort Gottes hängt ohne Beweis, ohne Wunder? Der Glaube ist vor allem *demütig*. Er kennt seine eigene Schwachheit, er verlangt zwar nach keinem anderen Zeichen und Beweis als nach denen, die Gott ihm geben will. Er fordert keine Beweise. Das hat Zacharias getan, und das war ein Zeichen seines Zweifels, und darum bekam er ein Zeichen, das zugleich die Strafe ausdrückt: Er wurde stumm. Maria hat kein Zeichen verlangt. Aber da es ihr gegeben wird, verschmäht sie es nicht, sondern nimmt es dankbar an zur Stärkung ihres Glaubens. Was Maria tut, wenn sie so hindrängt in jene Stadt Judas, wo Elisabeth wohnt, das ist nichts anderes, als was wir tun, wenn wir zum Sakrament gehen. Die heiligen Sakramente in unserer Mitte, das aufgeschlagene Bibelbuch sind auch Zeichen, es sind Angaben der Orte, wo wir unseren Glauben von Tag zu Tag aufs neue stärken können, »da wir ihn finden können im Nachtmahl, Tauf und Wort«. Das ist kein rechter Glaube, der aus Stolz auf seine Festigkeit die Zeichen verschmäht. Der rechte Glaube verlangt nichts, aber er ist froh, wenn ihm gegeben wird. So wird ihm hier das Zeichen gegeben, daß es wahr ist, was Gott gesagt hat. Es verhält sich damit alles so wie bei allen Zeichen Gottes; ein Beweis würde den Glauben unnötig machen; denn was ich bewiesen habe, das brauche ich nicht zu glauben. Ein Zeichen stärkt meinen Glauben, es läßt ihn aber Glauben sein, es hebt ihn als Glauben nicht auf. Maria, die ihre Freundin Elisabeth in so hohem Alter nun in guter Hoffnung sieht, Maria, die damit das Zeichen bekommt für die Verheißung, muß glauben; denn auch dieses Zeichen beweist ihr nicht, daß es wahr ist, was der Engel ihr gesagt hat. Es mindert die Ungeheuerlichkeit der Botschaft in gar nichts. Daß eine alte Frau noch ein Kind bekommt, das könnte eine Seltsamkeit

sein, ein Naturwunder. Aber es ist kein Beweis, daß der, den Maria nun gebären soll, der ist, von dem der Engel, sprach: »Er wird sein Volk selig machen von ihren Sünden.«
Maria kommt von einer Begegnung mit einer göttlichen Botschaft her. »Bei Gott ist kein Ding unmöglich.« Wörtlich heißt es im Urtext: »Bei Gott ist nicht unmöglich alles Wort.« Das heißt: Jedes Wort, das Gott sagt, ist in dem Augenblick, da es von Gott gesprochen wird, sofort auch möglich. *Glauben heißt einwilligen:* »Mir geschehe, wie du gesagt hast.« Von daher kommt Maria, und das drängt sie so, nun auch das Zeichen noch zu sehen, das dazugehört, so wie das Sakrament zum Wort gehört. Nun kommt sie hin und grüßt. Unausgesprochen ist in ihrem Gruß alles, was sie nun erlebt hat; es schwingt wohl alles mit in diesem Gruß, aber es bleibt unausgesprochen. Damit ist uns ein Zeichen gegeben, daß der Heilige Geist der einzige wirkliche Verkündiger ist. Es mag für Maria eine schwere Frage gewesen sein, wie sie es wohl einem anderen sagen soll, was ihr jetzt angekündigt ist. Die Sorge wird ihr abgenommen. Daran, daß sie es nicht auszusprechen braucht, können wir lernen, daß all unser Aussprechen im Grunde doch nichts ist als ein unverständliches Stammeln. Das Geheimnis Gottes in Jesus Christus kann niemand aussprechen. Und wenn es ein anderer Mensch doch durch Worte erfährt und hört, und wenn ein Glaube bei ihm anfängt, dann hat das mit unseren Worten so wenig zu tun, als hätten wir gar nichts ausgesprochen. Wir richten in unseren Worten kleine Zeichen auf. Daß ein anderer sie lesen und verstehen kann, das ist allein das Werk des Heiligen Geistes Ein geheimnisvoller Erkenntnisakt muß in dem anderen vollzogen werden. »Herr, öffne ihm die Augen!« können wir nur beten. Dann geschieht ohne unser Zutun durch den Heiligen Geist das, was hier bei Elisabeth geschieht. Sie erkennt. Da sie den Gruß hört, erkennt sie, wer vor ihr steht. Ein Mensch, den sie seit langem kennt, ein Mensch, von dem sie wohl nichts Neues erwartet, ein Mensch, von dem wir keine Sündlosigkeit phantasieren wollen, ein Mensch wie wir und

wie sie selbst – aber in diesem Menschen ist etwas Neues; denn mit diesem Menschen ist ein Wunder geschehen: »Gebenedeit bist du unter den Weibern«; denn »gebenedeit ist die Frucht deines Leibes«.

»Woher kommt mir das?« In dieser Frage der Elisabeth ist unser aller Staunen enthalten. Wir können an Weihnachten viele Fragen haben. Wenn wir aber die Weihnachtsgeschichte hören, so muß das alle unsere Fragen zurückdrängen vor dieser größten Frage, wie das nur hat geschehen können, daß sich Gott so tief herunterläßt, daß er mit der Menschheit eins wird, daß er unser armes Fleisch und Blut annimmt, daß er an unserem Leben teilnimmt. Gott an unserem Leben! Daß er trägt, was wir tragen sollen, daß er mehr noch trägt, daß er alles hinwegträgt, was uns wirklich tötet und verdirbt, daß er mitten unter uns eine ewige Erlösung schafft. Woher kommt mir das? Alle unsere Fragen vereinigen sich in dieser demütigen und staunenden Frage: Woher kommt *mir* das? Ich kenne mich doch oder glaube mich zu kennen. Ich sehe doch meine Gottesferne. Ich sehe doch meine ganze Unwürdigkeit. Ich bin ein alter, armer, unfruchtbarer Mensch. Woher kommt mir das? Elisabeth verlangt keine Auskunft auf die Frage ihres Woher. Sie erkennt die grundlose Barmherzigkeit Gottes. Sie nimmt demütig an, daß er kommt. Sie preist die Mutter des Herrn, weil sie den Herrn preist.

Wo auf Erden ein wirklicher Lobpreis Gottes geschieht, da ist es immer ein Lobpreis Jesu Christi. Und wo auf Erden ein Lobpreis Jesu Christi geschieht, da ist es zugleich ein Preisen jener Stätte in der Menschheit, zu der er sich niedergelassen hat im auserwählten Volk. Der auserwählte Mensch Maria war so wenig würdig wie das ganze Volk und die ganze Menschheit, aber er wurde gewürdigt von oben. Gott hat die Niedrigkeit seiner Magd angesehen. Wir wollen nicht Christus aus dem Mittelpunkt rücken und Maria hineinstellen, wie das oft geschehen ist. Wo das geschah, da ist insgeheim der Lobpreis Gottes mit einem Lobpreis des Menschen verwechselt und vertauscht worden.

Die Menschheit soll unter keinen Umständen gepriesen werden, aber dankbar blicken wir dorthin, wo sich der Höchste so tief zu ihr herabbeugt. Darum fährt Elisabeth fort: »Selig bist du, die du geglaubt hast! Denn es wird vollendet werden, was dir gesagt ist von dem Herrn.« Maria ist zu Beginn des Neuen Testaments die Erscheinung des glaubenden Sünders, der einwilligt: »Mir geschehe, wie du gesagt hast«, der demütig ist: »Siehe, ich bin des Herrn Magd«, und der *darum* seliggepriesen wird.
Wenn wir nun aufs Weihnachtsfest zugehen, so hören wir damit: Es gibt nur eine Seligkeit: zu glauben. Es gibt nur ein Heil: dorthin zu schauen. Das Wort leitet uns dorthin. Unverändert ist die ganze Welt um Maria und Elisabeth. Sie erscheint ganz in ihrer alten Gestalt. Das Leben der Maria und der Elisabeth verläuft, wie eben das Leben von Menschen verläuft. Am Ende wird der Tod stehen, und für Maria steht schon das Schwert bereit, das durch ihre Seele gehen soll. Unverändert liegt um uns die Welt, und für uns steht manches Schwert bereit, das durch unsere Seele gehen wird. »Selig bist du, die du geglaubt hast.« Selig seid ihr, die ihr in eurer Mitte das Wort von der neuen Welt Gottes hört, die schon angefangen hat. Selig seid ihr, die ihr ihm glaubt, noch ganz ohne es zu sehen, aber im Glauben schon die Begegnung von Verheißung und Erfüllung erblickt. Johannes hüpft im Leibe der Mutter, da Jesus ihr entgegenkommt, Johannes hüpft, und das heißt, die Verheißung freut sich; denn sie weiß ganz gewiß, daß sie erfüllt werden wird.
Weihnachten ist die große Zusage an uns: Alle Versprechungen, die ich in euer Leben gegeben habe, alle Zeichen, mit denen ich die Versprechungen in eurem Leben bekräftige, alle Gottesdienste und alle Verheißungen der Sakramente, alles soll erfüllt werden zu seiner Zeit. »Die Weissagung wird ja noch erfüllt werden zu seiner Zeit und wird endlich frei an den Tag kommen und nicht ausbleiben. Ob sie aber verzieht, so harre ihrer; sie wird gewiß kommen und nicht verziehen« (Hab. 2,3). Das ist gewiß, das ist zugesagt.

Und seine Barmherzigkeit währet immer für und für bei denen,
die ihn fürchten. Er übt Gewalt mit seinem Arm
und zerstreut, die hoffärtig sind in ihres Herzens Sinn.
Er stößt die Gewaltigen vom Thron und erhebt die Niedrigen.
Die Hungrigen füllt er mit Gütern und läßt die Reichen leer.
Er denkt der Barmherzigkeit
und hilft seinem Diener Israel auf,
wie er geredet hat unsern Vätern,
Abraham und seinen Kindern ewiglich.
Lukas 1,50–55

Wer ist es, der hier so jubelnd ruft? Es ist nicht ein Mensch, der aus allen Nöten herausgehoben ist, der alles überstanden hat. Es ist vielmehr ein Mensch, der zu Beginn eines Weges steht, der nicht leichter, sondern unverhältnismäßig schwerer geworden ist dadurch, daß Gott auf diesen Weg getreten ist und diesen Menschen zu einem besonderen Dienst auserwählt hat. Und die Ausrüstung, mit der dieser Mensch Maria nun den Weg beginnt, besteht in nichts anderem als in einer Verheißung, einem bloßen Wort. Sie hat nicht sonst schon irgend etwas zu sehen bekommen von dem Versprochenen. Sie hätte auch dieses Wort als eine bloße Wiederholung einer längst alt gewordenen und lange schon unerfüllt gebliebenen Verheißung nehmen können. Ihr wißt ja, wie das mit Versprechungen ist. Mit dem Altwerden verlieren sie nicht nur ihren Reiz, sondern auch ihre Kraft, und durch die Wiederholungen gewinnen sie sie nicht wieder. Diese Frau, die hier lobt und preist, hat von alledem, was sie nun behauptet, mit menschlichen Augen vielleicht viel weniger gesehen als wir miteinander. Wenn sie jetzt vom Sturz der Gewaltigen und der Erhöhung der Niedrigen spricht, so ist das nicht aus der Summe einer reichen Lebenserfahrung heraus gesprochen, sondern aus dem Glauben an ein Wort, das ihre Seele nun ganz aus-

gefüllt hat. Bloß ein Wort! Aber ein Wort, das die Wirklichkeit umstürzt, ein Wort, das dem den Blick in ganz andere Hintergründe öffnet, der an dieses Wort glaubt.
Weihnachten ist das Fest der Geburt eines kleinen Kindes. Daß Gott als Kind kommt, ist ein Zeichen. Was wir zunächst mit menschlichen Augen von seinem Handeln sehen, ist genauso unerfüllt, das steht noch genauso in der Erwartung wie die Existenz eines kleinen Kindes. Über dem, was vom Handeln Gottes sichtbar wird, steht: »Es ist noch nicht erschienen, was wir sein werden.« Und dennoch ist es sicher so, daß die Gegenwart nur versteht, wer die Zukunft kennt, und daß den Vordergrund nur recht zu deuten weiß, wer auch den Hintergrund sieht. Maria wurden die Augen geöffnet; der Psalm, den sie spricht, ist der Gesang eines Menschen, der Welt und Zukunft durchschaut. Denn was sie schildert, ist ein Handeln Gottes, wie es sich im Hintergrund der Welt jetzt schon ständig ereignet, und wie es sich dereinst allen sichtbar ereignen wird. Der Psalm streckt sich in die Ferne, und er öffnet die heimliche, die verborgene Wirklichkeit Gottes.
Zu Beginn der Stelle, die wir aus ihm gehört haben, wie an ihrem Ende steht das Wort *Barmherzigkeit.* Das ist die Überschrift des Handelns Gottes, »immer für und für«. Maria kann es nicht genug unterstreichen, daß es nicht eine zeitweilige, eine willkürliche, sondern eine ganz grundsätzliche, wesentliche, andauernde Handlung Gottes ist: barmherzig zu sein. Wer die Welt ohne Weihnachten sieht, der muß schon bei diesem Wort rebellieren. Nur im Glanz des Weihnachtslichtes erkennen wir Gottes Handeln als ein barmherziges: Außer ihm ist Zorn und Härte. Und eben die Offenbarung der Barmherzigkeit ist ja der Glanz von Weihnachten, der nun der Welt einen neuen Schein gibt. Uns allen wird gesagt: Du magst Gott und die Welt, du magst die Höhen und die Tiefen deines Lebens anschauen, wie immer du willst, das eine laß dir gesagt sein: was Gott mit dir handelt, kommt aus lauterer, tiefer, unveränderlicher Barmherzigkeit.

Barmherzigkeit heißt ja nicht nur Güte, sondern es ist eine besondere Weise des Gütigseins. Wer barmherzig ist, der neigt sich hinunter; wer barmherzig ist, der entdeckt beim anderen ein Leid. Barmherzigkeit ist Güte in der Art des Mitleids. Und nun sagt Weihnachten, daß Gott wirklich unsere Welt mit einem großen Mitleidsblick umfängt. Er leidet mit. So sieht er uns also in einem Leiden? Ja, das tut er. Aber er sieht offenbar gerade dort ein Leiden, wo wir nicht auf den Gedanken kämen, daß es Leiden sei. Wenn dann beschrieben wird: »Er zerstreut, die hoffärtig sind in ihres Herzens Sinn. Er stößt die Gewaltigen vom Thron, er läßt die Reichen leer«, so sind das nicht eigentlich Taten seiner Strenge, sondern Taten seiner Barmherzigkeit, seines Mitleids. So entdeckt er also da, wo auf Erden Hoffart, Gewalt, Reichtum ist, ein verborgenes Leiden, das er mitleidet. Er sieht es offenbar da, wo ein Mensch hochmütig ist, stolz, in irgendeiner Weise eingebildet – und wir wissen, daß man das auf sehr grobe Weise sein kann, wie man uns heute doch genug vormacht, aber wir mögen auch wissen, daß man auf sehr feine und unauffällige Weise eingebildet sein kann, und uns also alle getroffen sehen. Er sieht offenbar dahinter, wo ein Mensch das ist, ein Leiden, das diesem Menschen nicht bewußt ist, das Leiden einer ganz kläglichen Torheit. Wer Gewalt hat auf Erden und sich dieser Gewalt freut, wer verfügen kann über andere Menschen, vor wem man sich beugt und wer sich bewußt ist, respektiert zu sein – Gott sieht offenbar hinter dieser menschlichen Gewalt und Freiheit eine ganz traurige Gefangenschaft. So könnte es sein, daß überall da, wo du Gewalt hast, das heißt, wo du mehr Freiheit hast als ein anderer Mensch, wo du dir mehr erlauben kannst, wo andere von dir abhängig sind, Gott dich als einen besonders Gefangenen sieht und großes Mitleid mit dir hat. Und schließlich, wo ein Mensch reich ist und sich doch wohl dieses Reichtums freut und infolgedessen an einer Stelle seines Lebens – nämlich an der, wo er reich ist – nicht mehr so auf Gottes Gnade und Beistand angewiesen zu sein scheint, wo er meint, auf einmal aus eigenem Reichtum Schritte tun zu können, weil er ja selbst auch etwas hat und ist – es scheint, daß Gott gerade da ein Leiden, ein Ärmerwerden entdeckt.

So handelt er nun ganz barmherzig an uns. Weihnachten geht in die Tiefe des menschlichen Lebens mit einem barmherzigen Wort. Es leuchtet in die tiefste Stunde, dorthin, wo du ganz allein bist, wo ganz Zerstörung zu sein scheint, und sagt dir: Gott hat hier gehandelt. Und statt »Gott« setze einfach »Barmherzigkeit« ein: Barmherzigkeit hat hier gehandelt in dieser unbarmherzigen Zerstörung. Denn indem Gott so zerstört, was groß ist, und so erhebt, was niedrig ist, sagt er: *Ich kann! Ich* habe Gewalt! Davor erblaßt und verblaßt alles, was auf Erden stark zu sein scheint. Das ist sehr leicht am Schreibtisch zu sagen. Es ist ja jedem Menschen klar: natürlich hat Gott die größte Gewalt. Aber wenn es zum Treffen kommt und du der Gewalt der Erde gegenüberstehst, wenn du ein Bekenntnis ablegen sollst, wenn du einem helfen sollst, der verfolgt wird, wenn du etwas tun sollst, was den Mächtigen mißfällt, dann kommt die Anfechtung. Dann müßte es nicht nur ein Wissen in der Theorie, sondern ein ganz festes Glauben in der Praxis sein, daß du weißt: Gott ist *doch* gewaltiger, und alles, was Gewalt hat auf Erden, kann keinen Finger rühren, wo er nicht will – und alles, was mir die Gewaltigen der Erde antun können, das ist nichts, wenn nur sein barmherziger Arm mir hilft und mich schützt. Ja, alles, was sie mir antun können, können sie nur, soweit *er* es zuläßt, soweit es also seine Barmherzigkeit zuläßt, und soweit es ein Mittel seiner barmherzigen Regierung meines Lebens ist.

Und weiter: Wenn Gott die Gewaltigen trifft und die Niedrigen erhebt, dann will er uns damit *fragen:* Brauchst du meine Hilfe überhaupt? Er nimmt uns weg, was Gewalt und Reichtum bei uns ist, und segnet doch das Jahr, in dem du ärmer geworden bist und manchen Reichtum verloren hast, und wo dann am Ende des Jahres Weihnachten steht und du weißt, wo du hinfliehen mußt, um einen Reichtum

zu bekommen, der alles aufwiegt. »Du füllst des Lebens Mangel aus mit dem, was ewig steht.«
Nun können wir, wenn wir die Bibel durchlesen, nicht übersehen, daß in ihr ein parteiischer Geist herrscht, daß eine ganz entschlossene Parteinahme vollzogen wird, nämlich für die Hungrigen, für die Niedrigen, für die Gequälten. Überall, wo wir die Bibel aufschlagen, sehen wir, daß sie sich auf ihre Seite stellt, daß sie an ihnen ganz zuinnerst interessiert ist. Wenn es ein Buch auf Erden gibt, das an ihnen nicht vorübergeht, wo auch im Lobe Gottes und im Preis der Schöpfung die Stimme des Leides und Elends auf Erden nicht verschwiegen wird, sondern aufgenommen ist, dann ist das die Bibel. Und das gleiche, das uns vielleicht ärgerlich ist, solange es uns gut geht und wir reich sind und gewaltig, das ist uns die größte Hilfe, wenn wir zerstört sind: daß die Bibel die Partei der Hungrigen und der Niedrigen ergreift. Sie fragt nicht einmal nach Schuld, sie scheint sich gar nicht darum zu kümmern, ob das nicht vielleicht Gottes Strafe ist, die da einen trifft. Im Augenblick, wo ein Mensch in das Leid hineingestoßen wurde, da ist das erste, was die Bibel predigt, die Barmherzigkeit Gottes. Einem leidenden Menschen – und möge er noch so begründet bestraft sein –, einem leidenden Menschen ist die Sympathie der Bibel ganz gewiß. Gott sei Dank! Gott sei Dank ist Gott barmherziger als wir unbarmherzigen Menschen und Christen. Wo du einen leiden siehst und zuerst fragst, warum er leidet, und ihm nur dann Sympathie und Barmherzigkeit entgegenbringst, wenn er unschuldig oder über das Maß hinaus leidet, da bist du ein Pharisäer. Gott sei Dank, Gott ist kein Pharisäer, und die Bibel ist der schärfste Gegensatz zu allen pharisäischen Büchern der Welt. Die Frage nach dem Verdienthaben, nach der Schuld und dem Recht hat irgendwo auch ihren Platz. Sie braucht nicht verschwiegen zu werden. Aber das erste ist die Barmherzigkeit, und nur von der Barmherzigkeit her darf die Frage nach der Schuld noch gestellt werden. Es ist das schlechteste Zeichen unter den schlechten Zeichen, die für

den Zustand in unserer Kirche genannt werden, daß unpharisäische Barmherzigkeit so selten ist, daß wir vom Pharisäismus der einzelnen, der Völker und Nationen alle miteinander so ergriffen sind, daß wir doch immer zuerst die Frage nach Schuld und Unschuld stellen und nicht zuallererst die Frage, ob da ein Mensch leidet oder nicht.
Und wir sollen es hören, gerade an Weihnachten: Der leidende Heiland, der arm ist und friert in der Krippe und der am Kreuz hängt und die Gottverlassenheit der Welt hinausschreit, dieser leidende Heiland umfängt alle Leidenden. Er stürzt uns in Leid aus Barmherzigkeit. Aber er leidet auch mit. Er ruft uns zur Barmherzigkeit für alles Leid in der Welt. Er ruft zur Barmherzigkeit des *Tuns.* Er ist nicht in der Gesinnung geblieben, sondern herausgetreten und hat getan: in die Krippe und ans Kreuz ist er gegangen. Wir dürfen nun auch nicht nur in der Gesinnung barmherzig sein. Wir sollen uns bekennen zu den Leidenden, zu den Hungrigen, zu den Niedrigen, zu denen, für die keiner eintritt, und wissen: dort wartet unser Bruder Jesus Christus auf uns. Lob sei ihm dafür in Ewigkeit! Denn nun wissen wir: Wenn wir einst selbst dort stehen im Hunger und in der Niedrigkeit, dann werden wir von der Welt zwar verlassen sein, aber von ihm ganz sicher gefunden und »erhoben« werden in die Gemeinschaft seines unvergänglichen göttlichen Lebens.

II Zum Christfest

BOTSCHAFTER DER FREUDE

Eine Meditation zu Lukas 2,1–14

Wer solches recht glaubte, der würde davon
zu sagen wissen, was eine rechte Freude wäre.
Ja, wenn sein Herz des Glaubens voll wäre,
er würde nicht lang vor großer Freude loben können;
denn das Herz würde die Freude nicht ertragen,
sondern müßte vor Freude zerspringen.
Luther, EA 1,212

Die große Aufgabe, die dem Prediger am Christabend gestellt ist, wird er nur recht angehen, wenn er sich ihre Besonderheit klarmacht. Sie besteht einmal darin, an diesem Abend das Evangelium in seinem innersten Gehalte auszusprechen, das Immanuel, »Gott mit uns« als den Kern aller christlichen Verkündigung. Wo wäre ein Sonntag, an dem davon nicht zu sprechen wäre? Heute abend aber ist nicht nur ein bestimmter Aspekt oder eine Folge dieses Geschehens zu sagen, sondern das Geschehen selbst. Wie kann es anders gesagt werden als in dem euangelizesthai des Engels, wie kann noch ein eigenes Wort hinzugefügt werden in der Hoffnung, das werde erhellend und nicht nur verdunkelnd wirken? Das ist es, was manchen gerade an diesem Tage entmutigt. – Sie besteht zum anderen darin, diesen Kern des Evangeliums einer Gemeinde zu sagen, die sehr anders ist als die normale Sonntagsvormittagsgemeinde: viele Kinder, viele, die sonst nie kommen und an christlichem Wissen eher weniger haben als die Kinder, dazu sehr bestimmte Erwartungen, die auf Erhöhung der Familienfestlichkeit, Beförderung weihnachtlicher Stimmung zielen und eine zum Lichterbaum passende gemüthafte Predigt fordern. Der Prediger steht unter anderem Befehl, er hat sich diesen Erwartungen nicht anzupassen. Es ist aber auch nicht seine Aufgabe, sie so schroff wie möglich zu enttäuschen. Er hat ja nicht Freude zu verderben, sondern eine bessere Freude zu bringen. Er wird also pfleglich und barmherzig mit dieser zusammengewürfelten Gemeinde umgehen, ihren Wünschen nicht nachgeben, aber sie freundlich, ihre Lage samt der Bedeutung, die Weihnachten in ihrem Gefühlsleben hat, verstehend, zum wahren Wunder der Weihnacht führen. Sorgfältiger noch als sonst im Sonntagsgottesdienst eliminiere er alles Akademische, alles nur Begriffliche, alles, was allerlei Wissen voraussetzt. Die Ansprache sei ihm selbst eine Gelegenheit, neu zu lernen, wie man das Evangelium ahnungslosen Kindern sagt; er spreche, als hätte er selbst es jenen ahnungslosen Viehhirten mitzuteilen –, wie er denn ja auch tatsächlich in nicht geringerem Maße Himmelsbote ist wie damals der Engel, aber eben zu solchen, die erst Milch verdauen können, noch nichts Schwierigeres. Er wird sich deshalb auch die Anknüpfung bei dem, was sie schon wissen, nicht entgehen lassen –, nicht so sehr beim Lichterbaum als bei den Weihnachtsliedern, auch den heute als etwas sentimental verpönten (der Christabend ist nicht dazu da, den reformatorischen Stilrigorismus des Pfarrers Triumphe feiern zu lassen!), sofern sie nur die Botschaft selbst enthalten. Viele von ihnen sind beste Predigthilfe; eben gesungene Worte in der Predigt aufzunehmen und zu erklären ist beste Hilfe für das häusliche Feiern. Vor allem aber: von der Geschichte selbst sich helfen zu lassen, davon also, daß es eben eine Geschichte ist, die man erzählen kann, an der man *erzählend* alles zeigen kann, worum es geht, die für sich selbst spricht. Dann wird nicht nötig sein, lange mit Vorwürfen gegen die falsche Festesfreude, mit Forderungen, nicht über den Nebensachen die Hauptsache zu vergessen usw. zu arbeiten –, was kann das schon zuwege bringen? Die Hauptsache muß selbst schlicht in die Mitte treten, dann verbreitet sie die ihr eigene Freude kräftig um sich.

Die Geschichte ist so geläufig, daß es nötig sein wird, sie zu

»verfremden«, wie Bert Brecht sagen würde. Das heißt vor allem: sie zu entsentimentalisieren. Ihre Gestalten müssen aus Figuren einer Märchenlegende zu wirklichen Menschen werden: also Maria und Joseph, des Krippennimbus entkleidet zu einem obdachlosen Paar, das, von einer ihm selbst noch rätselhaften Bestimmung beschlagnahmt, durch die sein Leben nicht erleichtert, sondern ungeheuer belastet wird, ohne Aufhebens davon zu machen Schritt für Schritt einen Gehorsamsweg gehen muß und für seinen besonderen Auftrag keine besonderen Privilegien bekommt, sondern eher das Gegenteil; die Hirten zu Repräsentanten aller sich mühsam durchs Leben schlagenden, von Gott aus dem Katechismus wissenden, aber ihn nicht als Lebendigen kennenden, von ihm sich nichts Großes mehr erhoffenden, im täglichen Existenzkampf untergehenden Menschen, und gerade denjenigen, die ihrer Niedrigkeit, Einflußlosigkeit wegen, alles vor Menschen oder Gott Auszeichnenden ermangelnd, am wenigsten erwarten können, zu ersten Adressaten und Zeugen der großen Wandlung zu werden; Augustus und Cyrenius zu Angehörigen der gleichen Menschheit, deren Nacht, die Nacht ohne das wahre Gotteslicht, bezeichnet ist durch die Nacht auf dem Felde von Bethlehem, höchstens durch die kläglichen, unzulänglichen Lichter des menschlichen Geistes kümmerlich erhellt, – aber im Unterschied zu den Hirten scheinbar die Befehlsgeber, die großen, beneideten und gefürchteten Akteure der Geschichte, über Menschenmassen und darunter auch über Maria und Joseph, die unscheinbaren Träger der Verheißung, verfügend, ohne daß sie oder sonstwer ahnt, daß in Wirklichkeit über sie verfügt wird, daß sie Puppen in der Hand eines mächtigen Regisseurs sind, der sie benutzt, um seinen Willen bis ins Kleinste, bis auf den Ort, wo sein Heiland geboren werden sollte, geschehen zu lassen, – dann aber aus den Beneideten zu nicht mehr Beneidenswerten gemacht, weil *diese* Geschichte an ihnen vorübergeht, sie an ihr nur äußerlich teilhaben und außerhalb ihres Lichtscheins bleiben: »Die Hungrigen füllt er mit Gütern und läßt die Reichen leer« (1,53); die Engel aus Fabelwesen zu Boten und Trägern der Gottesstimme, an denen nichts anderes interessant ist als das, was *sie tun:* verkündigen und loben, so daß wir uns nicht nach Engelerscheinungen zu sehnen brauchen, weil das Wort, dem sie dienten, auch zu uns kommt und wir mit ihnen vereinigt sind, wenn wir in ihren Lobgesang einstimmen; Er selbst schließlich, der hier geborene Heiland und Herr, zum wirklichen Mittelpunkt der Geschichte, nicht goldiger Himmelsknabe freilich, sondern armseligster Erdenwurm, ganz passiv, stumm, so ohnmächtig anfangend, wie er ohnmächtig am Galgen enden wird, hinter der Krippe schon das Kreuz, dem ihn nun jeder Atemzug näherbringen wird, aber eben dazu gekommen, von vornherein unter diesem Wozu stehend, das er auf sich nimmt, sein Leid allem Volk zur Freude, um eben so Heiland und Herr zu sein, – so ohnmächtig also der mächtige Mittelpunkt dieser und aller Geschichte.

Wir haben im Text also alle nötigen Elemente, um die Kinderpredigt des Christabends zu halten über das, was den Weisen verborgen und den Unmündigen offenbart ist: das Kommen Gottes zu uns in Jesus. Alles steht deutlich da: zunächst *zu wem* er kommt: zu »allem Volke«, d. h. zunächst seinem Volke, dem Volk Israel (darum »Stadt Davids«), zu dessen Herr im besonderen er sich gemacht hat, dem er sich seit langem verheißen hat, wie er sich seit kurzem Maria und Joseph (sie sind hier die Repräsentanten Israels) verheißen hat, – dann aber und dadurch allem Volke schlechthin (1. Mose 12,3), den Hirten als Teil des aussichtslosen am ha'arez und Augustus und Cyrenius samt allen Heiden (Röm. 15,8–12), uns Menschen, deren Dransein in dieser Geschichte so genau abgebildet ist; die Menschen und wie sie dran sind ohne ihn; dann *wer* da kommt: der Herr schlechthin, der Herr des Himmels, von dessen Glanz wir ausgeschlossen sind und dessen Herrlichkeit uns in Furcht und Schrecken setzt, der also selbst unsere größte Gefahr ist und darum allein uns vor sich selbst retten kann, damit aber auch vor und aus allem anderen, was unser Leben zerstört, – also *nicht* irgendein Mensch, noch so großartig und begabt, nicht ein Engel, Halbgott, Untergott, sondern Er selbst, der Herr; *als was* er kommt: im höchsten Widerspruch zu dem, was er ist, als der, der ich bin, der Herr als mein Bruder, nicht besser dran, im Gegenteil, – Geheimnis der Stellvertretung schon von der Krippe an, als *servus servorum,* alle unsere Begriffe von Gott umstürzend, arm und ungöttlich, – aber er selbst, indem er seinen Himmel verliert, sich selbst nicht verlierend, sich selbst uns bringend; *wo* er kommt: nicht an einem Ort in die Höhe, weder des Himmels, der geistigen Welt noch der Erde, im Palast des Augustus oder Cyrenius, im Tempel von Jerusalem, im Konventikel der Pharisäer, sondern dort, wo man ihn nicht erwartet, Fuß fassend, sich Raum schaffend, und zwar auf der wirklichen Erde, inmitten der härtesten Realitäten und nie abseits von ihnen; *wozu* er kommt: zu heilen, als Heiland und nicht anders Herr sein wollend – nicht zu richten, sondern schon Gerichtete zu retten –, schlechthin zur Freude also, was durch nichts abgeschwächt werden darf, wie es so oft in der Predigt der Kirche geschehen ist, durch die aber alle anderen Freuden und Weihnachtsgeschenke zu Plunder werden und höchstens noch Zeichen auf die eine Freude hin sein können; *wie* er kommt: im Fleisch als Mensch verborgen, durchs Wort offenbar, so daß er nur dem auffindbar wird, der das Wort hört und sich von ihm in Marsch setzen und leiten läßt wie hier die Hirten, – ein Wort, das seinen Beweis nicht vorher, sondern nur hinterher liefert dem, ders zuerst mit dem Wort gewagt, sich aufs bloße Wort eingelassen hat, der dann aber, wenn ihm durchs offenbarende Wort Windeln und Krippe zum Zeichen Christi, die Menschheit Christi zum Zeichen der Gottheit, Wort und Sakrament zum Zeichen seiner Gegenwart geworden sind, anderen bezeugen und raten kann, es ebenso zu halten, weil es sich lohnt und nie enttäuscht.

Das Ergebnis seines Kommens – die Engel sagen es deutlich, und daß es so gesagt werden kann, ist schon das Ergebnis selbst. Der Ertrag seines Kommens ist, daß er so gelobt werden kann, ist Lobgesang. Die »Heilstatsachen«, um die es sich im christlichen Glauben handelt, sind von der Art, daß sie nur in der Weise des Lobgesangs ausgesagt werden können. Das unterscheidet sie von anderen Tatsachen, genau dadurch sind sie *Heils*tatsachen. Das heißt aber, sie bestehen nicht »objektiv«, für sich selbst wie irgendein Ding, Christi Kommen ist nicht ganz, wenn es nicht verkündigt wird und solche erweckt, die glaubend und lobend ihm danken. Der Vers des Angelus Silesius kann zurechtgebogen werden: »Wär Christus tausendmal in Bethlehem geboren, dir ungesagt, – so bliebst du doch verloren.« Zwar wird von diesem Ergebnis, dem Lob, erst im nächsten Text gesagt (V. 20), es kündigt sich hier aber schon im Lobpreis der Engel an: Weihnachten heißt: alles, was die Schöpfung am Lob des Schöpfers hindern konnte, ist gefallen, kein Einwand kann mehr standhalten gegen den Preis der Herrlichkeit Gottes, seitdem Gott, so sich mit uns solidarisch machend, alle Einwände entkräftet hat. Ist Friede auf Erden, als Weltfrieden gemeint, zwar noch nicht das, was jetzt eintritt (dies verspricht die Engelsbotschaft *nicht*), sondern das erst eschatologisch Verheißene, so ist doch jetzt schon auf Erden Frieden da als die Macht, die die Menschen des Wohlgefallens, das heißt die Glaubenden und Lebenden, bewacht. Im Lob bekennt der Glaube jetzt, wer den Sieg hat in dem in der Weihnachtsgeschichte so ungleich erscheinenden Kräfteverhältnis: auf der einen Seite alle Realitäten, denen wir unterworfen sind: irdische Macht, Steuer, Schwangerschaft und Geburt, Wohnungssuche, Arbeit, nächtliches Raubzeug, Furcht, – auf der anderen Seite das arme Kind im Stall: der sich unseren Realitäten ausliefernde Herr, der uns schon damit ihrer Herrschaft entnimmt. Darum der Ruf zur bedingungslosen Mitfreude in allen Weihnachtsliedern.

Das Volk, das im Finstern wandelt, sieht ein großes Licht;
und über die da wohnen im finstern Lande, scheint es hell.
Du machst des Volkes viel; du machst groß seine Freude.
Vor dir wird man sich freuen, wie man sich freut in der Ernte,
wie man fröhlich ist, wenn man Beute austeilt.
Denn du hast das Joch ihrer Last und die Rute ihrer Schulter
und den Stecken ihres Treibers zerbrochen wie zur Zeit Midians.
Denn alle Rüstung derer, die sich mit Ungestüm rüsten,
und die blutigen Kleider werden verbrannt
und mit Feuer verzehrt werden.
Denn uns ist ein Kind geboren, ein Sohn ist uns gegeben,
und die Herrschaft ist auf seiner Schulter;
und er heißt Wunderbar, Rat,
Kraft, Held, Ewig-Vater, Friedefürst;
auf daß seine Herrschaft groß werde und des Friedens kein Ende
auf dem Stuhl Davids und in seinem Königreich,
daß er's zurichte und stärke mit Gericht und Gerechtigkeit
von nun an bis in Ewigkeit.
Solches wird tun der Eifer des Herrn Zebaoth.
Jesaja 9,1–6

Mit diesem »denn« treten wir hinein in jenen Stall von Bethlehem, fassen einander am Arm und führen uns dorthin, knien nieder und beten an: »*Denn uns ist ein Kind geboren!« Uns* – und neben uns sehen wir mit uns knien und anbeten armselige Viehhirten vom Feld bei Bethlehem, jene dem Stern folgenden Gelehrten mit der Weisheit des Ostens, Zöllner und Wucherer und Dirnen und Handwerker und Soldaten und Beamte und Theologen, zu allen Zeiten und aus aller Welt zusammengeströmt. Eine bunt zusammengewürfelte Schar, – wir alle knien an der Krippe und beten an: »Uns ist ein Kind geboren.«
Uns: Wer sind wir? Was ist das für ein Kind? Ist es unser Kind? Feiern wir die Kinder unserer Familie, unseres Volkes? Es ist keine verwandtschaftliche Freude, kein völkischer Stolz, der uns hier jubeln läßt. Es ist ein Kind aus ei-

nem anderen Volk, einer anderen Kultur, einer anderen Sprache und einem anderen Weltbild; mühsam müssen wir seine Worte erst in unsere Sprache übersetzen, und doch knien wir – Menschen verschiedenster Völker und Rassen, Heilige und Verbrecher, Fromme und Gottlose, – wir alle sind herzugeführt, rufen und freuen uns: »Uns, uns ist ein Kind geboren!« Die Welt ist zwar sehr verändert seit jenen Tagen, aber sie ist wohl im Grunde nicht anders geworden; jedenfalls ist sie nicht besser geworden. Und das Leben eines jeden Einzelnen von uns ist nicht leichter geworden. Und dennoch knien und *freuen* wir uns: »Uns ist ein Kind geboren!«

Und die Welt – ja, nicht nur die Welt außer uns, auch die Welt in uns – wundert sich und fragt: »Was habt ihr denn da eigentlich? Warum starrt ihr so gebannt auf diese Krippe von damals hin? Warum tut ihr so, als sei es euer Kind und ein Freudengeschenk an euch? Woher denn eure merkwürdige Gewißheit, daß der unbekannte Gott uns gerade dort begegnet, daß das göttliche Leben, das uns so lange im Stich gelassen hat, auf einmal erschienen sei? Warum ist euer Glaube so eng, so beschränkt auf dieses eine Kind im Stall von Bethlehem? Und die Welt feiert ja auch und macht es uns vor, wie man sehr wohl auch ohne dieses Kind feiern kann. Unsere germanischen Vorväter haben sich auch ohne dieses Kind durchs Leben geschlagen. Sie haben auch gefeiert. Man kann ja Weihnachten feiern; *denn* es ist nun einmal so Sitte; *denn* es ist das Fest der Familie, der Kinder, der großen Gemeinschaft, der sich wendenden Sonne.

Jetzt aber reißen sich Menschen davon los und gehen hinweg von dieser Art zu feiern – und nicht wahr, so euch losreißend seid ihr doch alle heute hier hereingekommen, – und sagen: »Das mag wohl alles ein Anlaß zum Feiern und zum Schenken sein, das mag alles sehr schön sein, aber jetzt kann uns das nicht mehr bewegen; denn jetzt ist etwas viel Wichtigeres geschehen, jetzt, jetzt wollen wir etwas anderes feiern; *denn:* ein Kind ist uns geboren.« So treten wir hierher zur Krippe, entschlossen, es zu wagen,

uns dieses vor 2000 Jahren geborenen Kindes zu freuen in der Gewißheit, daß auch in 2000 Jahren, wenn Gott die Erde noch so lange stehen läßt, Menschen anbetend knien werden und sich dieses Kindes freuen und, wenn aller anderer Gesang längst verstummt ist, singen werden: »Uns ist ein Kind geboren.«
Im Leuchten, das von diesem Kind ausgeht, geschieht etwas Entscheidendes in unserem Leben: es fällt ein Licht auf unser bisheriges Leben, und wir erkennen, wer wir sind: daß wir aus einer tiefen Nacht gekommen sind. Ein paar Verse vorher sagt der Prophet über den Zustand des Volkes, dem das Licht erscheint: daß es ein Volk sei, das im Finstern wandelt, – also nicht in der Dämmerung, nicht in der Halbwahrheit, sondern in der Lüge: »Und werden über sich gaffen und unter sich die Erde ansehen und nichts finden als Trübsal und Finsternis; denn sie sind im Dunkel der Angst und gehen irre im Finstern« (Jes. 8,22). Solange wir in der Nacht sind, mögen wir darüber streiten, ob es wirklich so nächtig um uns steht. Der eine mag Ja, der andere mag Nein zu dieser Schilderung sagen; aber im Augenblick, da wir zur Krippe treten und das Licht auf uns fällt, wird die Wirklichkeit offenbar, fassen wir uns ans Herz und erkennen klar: Um Gottes willen, aus welcher Nacht sind wir gekommen! Um Gottes willen, in welche Nacht müssen wir gehen, wenn nicht das Licht der Krippe uns leuchtet! Um Gottes willen, was sollten wir tun, wenn nicht auf wunderbare Weise Gott gekommen wäre, ohne uns zu verderben, wenn er nicht – o selige Überraschung! – käme, *nicht* zu richten, sondern selig zu machen!« . . . und nichts finden als Trübsal und Finsternis!« Wenn jetzt an Weihnachten ein Erschrecken über uns käme über das, was uns zur Wahl steht, wenn wir von diesem Licht uns fern halten und vor diesem Kind nicht die Knie beugen, dann wäre etwas Großes geschehen.

»Ein Kind ist uns geboren.« So wollen wir nun nicht draussen stehen, sondern drinnen und bei allen Fragen der Welt außer uns und der Welt in unserem eigenen Herzen immer auf das Kind deuten und mit großem Jubel dieses »Denn« sprechen. Warum lacht ihr, warum freut ihr euch, warum feiert ihr, warum macht ihr euch Geschenke und singt Lieder? »*Denn* du hast das Joch ihrer Last und die Rute ihrer Schulter und den Stecken ihres Treibers zerbrochen wie zur Zeit Midians. Denn alle Rüstungen derer, die sich mit Ungestüm rüsten, und die blutigen Kleider werden verbrannt und mit Feuer verzehrt werden.« Woher diese Gewißheit für die Zukunft? Vielerlei kommt uns in den Sinn, wenn wir von solchen hören, die sich mit Ungestüm rüsten, von Mächten, die eine Last auf unsere Schultern legen, vielleicht sogar von dämonischen Mächten, wenn das Stichwort von den blutigen Kleidern fällt. Woher diese Gewißheit, daß die blutigen Kleider verbrannt werden und daß alle Macht der ungestümen Rüstungen uns nichts mehr tun können? Wie kann ein Mensch in das Jahr hineingehen wie ein spielendes Kind mit froher Gewißheit, und wie kann er unbeschwert Weihnachten feiern? Wie kann er so, als sei schon alles überwunden, sprechen: »Du *hast* das Joch ihrer Last und die Rute ihrer Schulter und den Stecken ihres Treibers zerbrochen?« Spüren wir doch noch täglich Stecken und Rute auf vielfache Weise! Hören wir es doch: Im Blick auf die Krippe kann ein Mensch so sprechen: »denn uns *ist* ein Kind geboren, ein Sohn *ist* uns gegeben und die Herrschaft *ist* auf seiner Schulter.«

Das heißt doch: hier ist ein besonderes Kind; denn die Herrschaft ist auf seiner Schulter. Herren haben wir alle genug, menschliche Herren, die mehr oder minder große Ansprüche an uns erheben im Leben des Einzelnen oder im Leben der Gemeinschaften, – und jene vielen anderen unpersönlichen Herren, alle die Verhältnisse und Mächte, vor denen wir Angst haben; denn wen du fürchtest, der ist dein Herr. Und nun tritt hier noch ein neuer Herr hinzu. Also wieder einer, der uns ängstet und knechtet? Nein; denn es heißt nicht: *eine* Herrschaft liegt auf seiner Schulter, – sondern: »*die* Herrschaft liegt auf seiner Schulter«. Hat nun aber dieser eine *die* Herrschaft über uns, über diese unsere Gemeinde, über unser ganzes deutsches Volk, über die weite Welt an sich genommen, so sind alle anderen also keine eigentlichen Herren mehr. Ihre Macht reicht genau so weit, als sie geduldet und verwendet ist von der Herrschaft dieses einen Herrn. Ihre Ansprüche gelten so weit, als sie legitimiert sind von dem Anspruch dieses einen Herren. Ihre Gaben haben so viel Wert, sind so weit heilsam und nicht giftig, als sie Geschenk dieses einen Herren sind. In seine Knechtschaft sind alle anderen Mächte genommen, – mögen sie nun auch Krankheit, Tod und Teufel heißen.

Wenn wir das *hören* und doch nur das Kind in der Krippe sehen, dann stehen wir in dem gleichen *Widerspruch* wie damals die Hirten. Sie hörten: »Euch ist heute der Heiland geboren.«« Und wie sieht er aus? »Ein kleines Kind, in Windeln gewickelt in einem Stall!« Aber siehe, da konnten die Hirten auf einmal nichts anderes tun als »alsbald« und »eilend« nach Bethlehem zu gehen. Und unser Hören der Weihnachtsbotschaft in diesen Tagen ist nichts anderes als die dringliche Aufforderung: wir möchten uns von diesem Widerspruch zwischen Hören und Sehen nicht abschrecken, sondern einladen lassen, »eilend« den Hirten uns anzuschließen, mit ihnen einzutreten und niederzuknien und ein Gespräch mit dem Kind in der Krippe anzufangen. Mancher von uns sieht es ja in diesen Tagen an den Kindern, wie ihr Herz besonders innig mit dem Kinde spricht, – und wir sollten wohl darin alle bei den Kindern in die Schule gehen und von ihnen die Erkenntnis lernen, das Aufmerken auf all das, was uns über dieses Kind von den Engeln und Propheten gesagt ist, auf alle die Namen, die ihm in den Weissagungen gegeben sind.

So knien wir und fragen dieses Kind im armseligen Stall: »Wie heißt du, und wo ist die Herrschaft, die du über uns ausüben willst?«

Das Kind antwortet: »Ich heiße *Wunderbar.*«

Wir fragen: »Was willst du damit sagen?«

Das Kind antwortet: »Daß ihr nun alles weglassen müßt,

was ihr euch vorgestellt habt. Oder habt ihr euch die Gewalt Gottes so vorgestellt? Nun seht, seht sie hier, eine armselige und pflegebedürftige Gestalt Gottes in einem Viehstall.«

»Nein«, antworten wir, »so haben wir es uns nicht vorgestellt, und was sollen wir mit einem solchen armen Gott anfangen?«

Und das Kind antwortet: »Das soll nun das Wunder sein: *Ich* will etwas mit *euch* anfangen.«

»Aber, liebes Kind, was bringst du denn mit, um mit uns etwas anfangen zu können, und ahnst du denn, wer wir eigentlich sind? Unschuldiges Kind, was willst du denn von uns schuldigen Menschen?«

Das Kind aber lächelt, als wüßte es mehr von uns als wir alle: »Ich bringe einen *Rat* mit.«

Uns fällt bei diesem Wort unsere ganze Ratlosigkeit ein. Auf einmal sehen wir, daß unsere Religionen und Weltanschauungen, unsere Verbrechen und unsere Tugenden nur Ausdruck unserer großen Ratlosigkeit sind, und wir fragen das Kind, welchen Rat es denn bringe.

Es antwortet uns mit der Einladung, bei ihm zu bleiben, oder vielmehr, es bei uns bleiben zu lassen und seinen Weg durch diese unsere Welt mitzugehen; dann werde sich der Rat uns enthüllen; damit beginne es aber, daß die göttliche Weisheit so armselig und ratlos wie nur irgend einer von uns hier mitten unter uns liegen müsse.

Wir fragen: »So besteht dein Rat darin, daß du der Bruder unserer Ratlosigkeit werden willst und alles auf dich nehmen?«

»Ja, alles auf mich nehmen, was euch bestimmt ist.«

»Aber, liebes Kind, Hunger und Durst, Anfechtung und Angst, Gottverlassenheit und Tod?«

»Noch mehr«, sagt das Kind, »wie ein Schild, der abhält, was eigentlich euch treffen sollte.«

»Kind, so siehst du noch mehr Gefahren für uns als wir selbst sie sehen, – und woher willst *du* die *Kraft* haben, sie zu bestehen?«

Das Kind antwortet: »*Eure* Herren brauchen *eure* Kraft. Darum saugen sie euch auch aus, und je kräftiger sie sich darstellen, desto schwächer werden die Knechte. In meiner Armseligkeit seht ihr, daß ich eure Kraft nicht brauche. *Euer* Gott ist nur in den Starken mächtig; aber *mein* Gott ist in den Schwachen mächtig, und das sollt ihr jetzt sehen!«
Wir sind erschrocken: »Es tritt keiner ungestraft an unsere Stelle! Siehst du nicht, wie unsere Ohnmacht mächtiger ist als Gottes Macht?«
»Darum wird dies auch nun so gehen, daß ich jetzt schon zum Tod verurteilt bin und das Kreuz hinter der Krippe aufgerichtet steht. Ihr werdet mich bestaunen und bewundern und dann bekämpfen und schließlich mich ganz zugrunde richten mit eurer Ratlosigkeit und eurer eigenen Kraft und mich totschlagen.«
»Was bist du für ein *Held*, daß du dies auf dich nimmst?«
»Es ist ein anderes Heldentum, als es euch bekannt ist: ich lasse mich ausliefern der größten Furcht, die jetzt in eure Herzen kommen kann; das ist meine Zukunft: die Tränen und der blutige Schweiß, das Schreien und Stöhnen eines, der zur Erde geworfen ist im Garten Gethsemane, Todesangst und äußerste Verlassenheit von Gott, alle Tode der Welt, alle Niederlagen der Sünden, alle Bitternisse der Schuld stürzen auf mich, und jeder von euch ist mir wie eine große Last – und du – und du – ihr alle seid meine Mörder.«
Dann fragen wir: »Was ist das für ein rätselhafter Rat: daß du uns retten willst, indem du uns zu Mördern an deiner Unschuld werden läßt?«
Wieder antwortet das Kind: »Gottes Licht siegt in der Finsternis. So wunderbar ist seine Gewalt, daß Haß und Bosheit, die euer Verderben sind, nun zu einem Mittel eurer Rettung werden müssen. Sterbe ich durch euch, so sterbe ich für euch. Mein Tod wird zu Auferstehung; denn das Licht des väterlichen Angesichts kommt in der Finsternis meines Todes zu euch: *Gott* ist *Ewigvater* von väterlicher Güte über seine Feinde und Mörder.«

Und wir beugen uns, küssen die Hand des Kindes, das uns nun wieder hinausweist in unser Leben.
»Ach, liebes Kind«, sagen wir, »es ist zu finster um uns her. Warum ist nicht alle Tage Weihnachten? Warum ist nicht alle Tage Licht, warum immer neu die Angst und das Dunkel?«
»Geht dennoch hin«, sagt das Kind, »denn das ist nun anders geworden: ihr geht nicht allein, ich komme mit. Wo ich bin, ist *Friede;* denn ich bin ein *Fürst.*«

Und wie wir uns erheben und im Gehorsam den Weg hinaus in das Dunkel des neuen Jahres gehen wollen, da sehen wir neben uns die Apostel und die Märtyrer: Petrus, den sie gekreuzigt haben, Paulus, der enthauptet worden ist, Stephanus, den man gesteinigt hat, und alle die vielen Märtyrer, »gesteinigt, zerhackt, zerstochen, durchs Schwert getötet; sie sind umhergegangen in Schafpelzen und Ziegenfellen, mit Mangel, mit Trübsal, mit Ungemach, im Elend umher geirrt in den Wüsten und auf den Bergen und in den Klüften und Löchern der Erde« (Hebr. 11,37 f.). In Gefängnissen einsam gestorben, auf den Galeeren elend zugrunde gegangen, – die ungeheure Zahl der russischen Christen, die erfroren, erschossen, erhängt sind, – viel kleines und großes Leid der Zeugen des Kindes – und wir wenden uns noch einmal um und fragen: »Um Gottes wollen, Kind, was hast du gemacht?! Heil und Friede wolltest du bringen in die Welt, – und nun hast du nur den Unfrieden noch vermehrt.«
Und das Kind antwortet, als ob es das Wort eines anderen spräche: »Ich bin nicht gekommen, Frieden zu bringen, sondern das Schwert, und ihr müßt gehaßt werden um meines Namens willen von allen Völkern.«
Und wir können es nicht verstehen: »Um Gottes willen, Kind, so bist du also kein Friedefürst und willst uns nur noch friedloser machen?«
Und das Kind antwortet, als hätte es unsere Frage nicht recht gehört: »Von *euch* will ich, daß ihr unter keinen Um-

ständen den Unfrieden der Welt vermehrt, daß ihr unter keinen Umständen Menschen des Hasses und der Bitterkeit werdet, daß ihr unter allen Umständen das Schwert in die Scheide steckt und Menschen der Liebe werdet ..«

»Aber um Gottes willen, liebes Kind, was mutest du uns zu? Du siehst doch, wie durch dich die Welt zerrissen wird, wie der Unfriede der Welt sich an uns entzündet, wie wir kämpfen müssen. Wo bleibt dein Friede?«

»Tragen sollt ihr das alles, aber nicht tun«, sagt das Kind, »damit deutlich wird: der Friede bin *Ich*!«

»Was heißt das?«, fragen wir mit mühsamen Verständnis.

»Das heißt, daß die ganze Friedlosigkeit und aller Haß der vrelorenen Menschen sich auf mich richten, weil sie in meinem Frieden aufgedeckt wird. Wo ihr bei mir bleibet, seid ihr in einen Frieden gekommen, der als einziger kein Schein ist. Denn es ist ein Frieden, der sein Dasein nicht der Duldung verdankt. sondern der herrscht.«

»Wie sollen wir das verstehen, liebes Kind, da wir eben dich aller Anfeindung ausgesetzt sehen?«

»Seht auf meinen Weg, der ein Angriff ist auf friedlose Feinde! Das ist die große Ruhe in diesem Kampf: daß sie mir alle schon gegeben sind, wie der Prophet von mir sagt: »und gab sie seinem Schwert wie Staub und seinem Boden wie zerstreute Stoppeln, daß er ihnen nachjagte und zog durch mit *Frieden* und ward des Weges noch nie müde!« Jes. 41,2–3). Wer zu mir gehört, wird in einen Kampf gerissen wie Schafe, die in ein Wolfsrudel geraten sind – und ist doch unüberwindlich verankert in den Sieg des Friedens Gottes: den Frieden lasse ich euch, meinen Frieden gebe ich euch, nicht gebe ich euch wie die Welt gibt. Euer Herz erschrecke nicht und fürchte sich nicht« (Joh. 14,27).

»Aber was hast du für eine Hoffnung für die Armen, die dich hassen? Soll dein Friede ihnen zum Gericht dienen?«

»Es ist eine Frage an euch«, sagt das Kind. »Wo ihr Menschen seid, die in meinem Frieden leben, da wird euer Leiden und Tod der Welt, die euch haßt, die Botschaft des Friedens predigen. Daß mein Friede den Haß der Welt schon überwunden hat, bevor er begann, ist ihre einzige Hoffnung. Darum laßt das Fragen der Angst. Solches habe ich mit euch geredet, daß ihr in mir Frieden habt« (Joh. 16, 33).

So bleibt nur noch eine Frage: »Dürfen wir das glauben, Kind, da wir nichts sehen als dich in deiner Krippe und an deinem Kreuz?«

»Ich bin nicht allein; denn der Vater ist bei mir« (Joh. 16,32).

Und nun stehen wir auf und gehen hinaus; es ist finster. Die Zukunft ist undurchdringliche Nacht. »Wir schauen zum Himmel und gaffen zur Erde und finden nichts als Trübsal und Finsternis; denn wir sind im Dunkel der Angst und gehen irre im Finstern.« Wir haben zwar noch ein bißchen Kraft, aber wir wissen, wie wenig sie ausreicht und wie viel kommen kann, sie uns zu nehmen. Doch unsichtbar geht nun voran das schwache Kind und in dem Kind die Kraft Gottes. Es bahnt den Weg, es drängt alles Versperrende auf die Seite. Und wir folgen ihm nach, Schritt für Schritt, und sehen doch vor uns keinen Weg, den wir auf weit hinaus überblicken könnten. Nur das *tägliche Brot* haben wir für einen Tag nach dem andern: jetzt ein Stück Friede und wieder ein Stück Friede, nie mehr als wir brauchen, aber auch nie weniger, – das Kind ist immer noch da, auch wenn wir es einmal entschwunden oder gestorben wähnen. Und so geht es weiter Schritt für Schritt auf dem Weg bis zum Tod, wo die Tür aufgeht und es sich zeigen wird, daß das Kind uns gut geführt hat: mitten hindurch durch das Dunkel, durch die Friedlosigkeit der Welt mit ihren Niederlagen und Erfolgen, durch ihre Ausweglosigkeit und ihre falschen Auswege, durch ihre Ratlosigkeit und ihre falschen Ratschläge hindurch in ein Reich des ewigen Friedens.

»*... Und des Friedens kein Ende*« steht darüber. Das Kind ist auf einmal verwandelt, hat seine Schwachheit wie einen Mantel abgeworfen und ist ein Herr geworden, vor dem alle Welt zu Boden stürzt: Herr aller Herren, König aller Könige. Die Engel kündigen es uns im Lobgesang an:

»Nicht braucht euch nun schrecken
sein klein gering Gestalt.
Was tut er drunter decken?
Sein mächtig groß Gewalt.
Er liegt wohl in der Krippen
In Elend, Jammer groß,
ist doch Herr aller Dinge,
sein Herrschaft hat kein Maß.

Tod, Teufel, Sünd und Hölle
die han den Sieg verlorn.
Das Kindlein tut sie fällen,
nicht viel gilt jetzt ihr Zorn.«

Und wir stimmen ein in den Gesang, gehen hinaus in das neue Jahr und singen weiter:

Wir fürchten nicht ihr Pochen
ihr Macht ist abgetan:
Das Kind hat sie zerbrochen.
Da ist kein Zweifel dran.«

Die Geburt Christi war aber also getan: Als Maria, seine Mutter,
dem Joseph vertrauet war, fand sich's, ehe er sie heimholte,
daß sie schwanger war von dem Heiligen Geist. Joseph aber,
ihr Mann, war fromm und wollte sie nicht in Schande bringen,
gedachte aber, sie heimlich zu verlassen. Indem er aber also
gedachte, siehe, da erschien ihm ein Engel des Herrn im Traum
und sprach: »Joseph, du Sohn Davids, fürchte dich nicht,
Maria, dein Gemahl, zu dir zu nehmen; denn das in ihr geboren
ist, das ist von dem Heiligen Geist. Und sie wird einen Sohn
gebären, des Namen sollst du Jesus heißen; denn er wird sein
Volk selig machen von ihren Sünden.« Das ist aber alles
geschehen, auf daß erfüllt würde, was der Herr durch den
Propheten gesagt hat, der da spricht: »Siehe, eine Jungfrau wird
schwanger sein und einen Sohn gebären, und sie werden seinen
Namen Immanuel heißen«, das ist verdolmetscht: Gott mit uns.
Da nun Joseph vom Schlaf erwachte, tat er, wie ihm des Herrn
Engel befohlen hatte, und nahm sein Gemahl zu sich.
Und er erkannte sie nicht, bis sie ihren ersten Sohn gebar;
und hieß seinen Namen Jesus.
Matthäus 1,18–25

Weihnachten kann man auf sehr verschiedene Weise erleben, – das Fest ist aber dazu da, daß wir in diesen Tagen alle das gleiche erleben. Wie verschieden man Weihnachten erleben kann, das haben wir alle schon bei anderen beobachtet und bei uns selbst erfahren: kindlich-ungeduldige Weihnachtserwartung – und Angst vor den Weihnachtstagen, in denen die Einsamkeit, der Verlust eines geliebten Menschen, die Trauer über ein verdorbenes Leben schmerzhafter also sonst ins Herz stechen kann; inniges Fühlen der Gemeinschaft mit den nächsten Menschen – und bitteres Bewußtwerden der Gleichgültigkeit und Entfremdung; freudiges Echo der Botschaft der Engel in unseren Herzen – und kaltes Achselzucken gegenüber dieser wie ein »Märchen aus uralten Zeiten« klingenden Geschichte. Weihnachten der Fülle und Weihnachten der Leere – so wechselt das hin und her von Mensch zu Mensch, von Haus zu Haus und von Jahr zu Jahr.

Was nicht wechselt, ist das, wodurch das Fest der Weihnachten entstanden ist, was seinen Ursprung und seinen Inhalt ausmacht, was sich jetzt mit diesem Gottesdienst in die Mitte unseres Feierns drängt, auch wenn es bisher – leider – nicht in der Mitte unserer an Stimmung und Gemütlichkeit und Geschenken interessierten Gedanken stand, – das, wodurch Weihnachten erst Weihnachten, im vollen Sinn eines freudigen und hilfreichen Festes, wird. Dieses Nicht-Wechselnde, an jedem Weihnachtsfest – Gott sei Dank! – Zu-uns–Kommende ist die Botschaft von der Weihnachtsgeschichte. Also doch eine Geschichte aus uralten Zeiten? Jawohl, dies auch, aber nicht nur! Denn wenn sie bei uns heute erzählt wird, dann nicht, um unser Wissen über ferne, vergangene Zeiten zu bereichern, nicht um uns wegzuführen aus unserer Gegenwart in eine andere Welt, vielleicht gar in eine Traumwelt, sondern um unser Heute mit jenem Damals zu verbinden, um das, was damals geschah, uns zu erzählen als *für uns* geschehen, als eine Tat, die sich nicht beschränkt auf das Leben von den paar Leuten, die damals dabei gewesen sind, sondern die über alle Zeiten und Ländern hinweg reicht und immer weiter reichen wird, wo nur Menschen leben, für die das zutrifft, was hier in unserm Text von den Menschen gesagt wird.

Es beginnt unsere Erzählung wie ein Bericht von fernen, fremden, uns nichts angehenden Menschen. *»Als Maria dem Joseph verlobt war...«* Es sind aber zwei Worte in ihr enthalten, in denen die Erzählung ganz deutlich universal ausgreift und jeden von uns nimmt und als Beteiligten und Betroffenen in das, was damals geschah, hineinstellt; das sind die Worte *»Immanuel«* und *»der wird sein Volk retten von ihren Sünden«*. Von dem hebräischen Wort *»Immanuel«* wird dann gesagt, es heiße soviel wie »Gott mit uns«! Wer mit wem? Auch wenn wir zunächst mit dem Worte gar nichts anzufangen wissen oder uns, wenn wir darüber zu diskutieren anfingen, nicht einigen könnten, ob Gott ist und wer er ist und wie er ist, – in dem anderen Worte *»uns«* sind wir jedenfalls gemeint; über dessen Bedeutung brauchen wir nicht zu streiten. Mit diesem Wort »uns« greift die Bibel universal aus über alles, was Menschenantlitz trägt, vereinigt das alles in einem einzigen »wir« und duldet keine enge Grenze, nicht die Grenze zwischen der damaligen Zeit und unserer heutigen, nicht die Grenze des damaligen jüdischen Volkes, auch nicht die Grenzen anderer Völker und Rassen, auch nicht die Grenze zwischen Frommen und Gottlosen, Religiösen und Atheisten, auch nicht die Grenze zwischen Ost und West. »Bist du ein Mensch?«, wird da gefragt, – und wenn du darauf mit Ja antworten kannst und mußt, dann heißt es: Herein mit dir! Herein in dieses große »Uns«! Schließ dich nicht aus, weil du dich ja gar nicht ausschließen *kannst,* weil du gar nicht gefragt wirst, weil es geschehen ist, bevor du deine Meinung dazu sagen konntest, und weil du jetzt nur noch nachträglich die Konsequenzen ziehen kannst aus dem, was da mit dir geschehen ist: »Gott mit uns« – das heißt: Gott mit uns heute und hier – und das heißt: Gott mit dir – und Gott mit mir, wie wir jetzt hier in diesem Raum zusammen gekommen sind, als Menschen, die einander gut, wenig oder gar nicht kennen, und die sich selbst auch gut, wenig oder gar nicht kennen. Schon damals, vor fast 2000 Jahren, ist jemand zu uns Heutigen gekommen, um mit uns zu sein; schon damals ist jemand gekommen, mich zu besuchen in meinem heutigen Leben und mit mir zu sein.

»Mit uns«! Wenn wir dieses »Mit« uns von dem, was die Bibel sonst noch dazu sagt, auslegen lassen, dann wird klar: Damit ist nicht nur ein kurzes Mit-uns-Sein gemeint, ein flüchtiger Besuch, wie man ihn manchmal im Krankenhaus oder im Gefängnis bekommt: eine schöne halbe Stunde, in der ich mein Elend ein wenig vergesse; dann geht der Besuch wieder, die Tür fällt in Schloß, und ich bleibe zurück, in meiner alten, unveränderten Lage, als Kranker oder Gefangener, wieder so allein, wie ich vorher al-

lein gewesen bin. Dieses »Mit« meint vielmehr einen dauerhaften, unlöslichen *Bund*, ein Mit-uns-Sein und Mit-uns-Gehen im ganzen Leben, in jeder Lage, eine unverbrüchliche Solidarität und Hilfsbereitschaft und Gemeinschaft fürs ganze Leben und weit darüber hinaus, für Zeit und Ewigkeit.

Das ist ein »Mit«, das kein Mensch einem anderen leisten kann, auch wenn er's noch so gern möchte. Hoffentlich hat jeder von uns einen oder mehrere Menschen, die mit ihm sind, mit denen er eng verbunden ist: seinen Ehepartner, Vater und Mutter, seine Kinder, »gute Freunde und getreue Nachbarn«. Das ist ein sehr großes Glück im Leben, wie es erst der ganz zu ermessen vermag, der von sich sagen muß: Ich habe keinen Menschen, der wirklich mit mir ist, ich bin ganz allein. Aber auch, wenn uns Mit-Sein anderer Menschen geschenkt ist, – es ist doch immer begrenzt, auch in der engsten Gemeinschaft. Immer wieder müssen wir Menschen, die uns lieb sind, allein lassen oder werden von ihnen allein gelassen. Immer wieder müssen wir einem Menschen sagen – oder bekommen von ihm gesagt: »Darin kann ich dir leider nicht helfen, da mußt du allein sehen, wie du durchkommst!«

Das Schlimmste aber ist, daß zu all den Fällen, in denen wir gegen unsern Willen voneinander getrennt werden, noch eine gewaltige Macht hinzukommt, die uns auch dann trennt, wenn es nicht nötig wäre, wenn es nicht durch äussere Macht verursacht wird. Diese besondere Macht ist mit dem anderen Worte gemeint, das in unserer Erzählung vorkommt und uns in sie einbezieht, mit dem Wort *»Sünde«*. »Der wird sein Volk retten von ihren Sünden.« Das Wort »Sünde« ist ebenso mißbraucht und mißverstanden worden wie das Wort »Gott«. Wir pflegen dabei meist nur an irgendwelche besonders häßlichen Handlungen zu denken. Es umfaßt aber alles, was dem Mit-mir-Sein entgegensteht, was Gemeinschaft zertrennt und verhindert. Sünde sondert, – das ist ein altes und sehr zutreffendes Wortspiel. Sünde macht den Menschen allein, weil ihr Wesen ja gerade darin besteht, daß ein Mensch sich allein um sich selbst dreht, daß ihm die anderen nur Mittel zum Zweck sind, daß er sich das Leben auf Kosten der anderen und in Abwendung vom Willen Gottes verschaffen und sichern will. Indem er aber sich so um sich allein dreht, entgeht ihm gerade dieses Leben. Er kann Geld und Macht und Ruhm und Gescheitheit haben –, aber was ist das für ein Leben, wenn einer ganz allein ist, wenn keiner mit ihm ist? Frage genau nach, was in deinem Leben dich abtrennt von den Menschen um dich herum und dich hindert, mit ihnen wirklich eng zusammenzukommen, dann wirst du wahrscheinlich ein Stück von deiner Sünde und von der Sünde der anderen erkennen; dann wirst du entdecken, wie mit dem Worte Sünde das Verhängisvollste und Einflußreichste im menschlichen Leben genannt ist, die Ursache der menschlichen Einsamkeit und der menschlichen Feindschaften, der zerbrochenen Gemeinschaft, der Morde und der Selbstmorde, eine so tiefe Not, daß es uns Menschen ganz unmöglich ist, uns daraus mit eigener Kraft zu befreien, die größte Frage unseres Lebens: Wer hilft uns aus dieser Not, wer hilft uns aus dem Alleinsein zum Leben und zum Du, zur Gemeinschaft von Mensch und Mensch, zum Frieden miteinander?

Jetzt merken wir, wie diese beiden Worte zusammenhängen: »Gott mit uns« und »der wird sein Volk selig machen (retten, wie es genauer übersetzt heißt) von ihren Sünden«. *»Gott mit uns«* heißt: Gott mit uns Sündern, also mit uns alleinseienden, von der Gemeinschaft und damit vom Leben abgeschnittenen Menschen. Gott mit uns in der Tiefe und Kälte unserer selbstverschuldeten Einsamkeit. Wer also ist der Gott, von dem die Bibel spricht, und was tut Er? Er ist der, der uns dann besucht und sich mit uns verbündet, wenn kein anderer aushelfen kann, wenn auch die nächsten Menschen uns allein lassen; er ist der, der zu uns kommt, wenn wir ausgestoßen sind; er ist der, der sich nicht abschrecken läßt durch die Häßlichkeit unseres Egoismus und durch die Menge unserer Fehler und durch die Größe unserer Schuld. Er stellt sich zu mir und nimmt mich in seine Arme, wie der Hirte im Gleichnis Jesu das in den Dornen hängende Schaf aufsucht, herausholt und in seine Arme nimmt (Luk. 15,3–7): »und niemand wird sie aus meiner Hand reißen« (Joh. 10,28). Das Wort »Gott«, im Sinne des Evangeliums verstanden, ist das Wort einer großen Verheißung. Der, den das Evangelium mit diesem Worte meint, ist selbst die große Verheißung und kommt zu uns und läßt sich uns zurufen als ein großes Versprechen. Wo das Wort »Gott« christlich ausgesprochen wird, da ist es der Zuruf der Verheißung: Euer Alleinsein ist zu Ende, mit eurem Alleinsein wird nun gründlich und gänzlich Schluß gemacht. Gott ist der, der mit unserem Alleinsein so gründlich und so gänzlich Schluß machen kann und will, wie kein Mensch es kann, auch wenn er es will. »Ich will mit euch sein« –, das ist Gottes Name in der Bibel, und wie sehr der lebendige Gott mit diesem seinem Namen, den er sich durch den Mund der Väter und der Propheten schon lange vor dem Kommen Jesu gegeben hat, Ernst machen will bis zur letzten Konsequenz, das wird offenbar an Weihnachten: Gott mit uns als Mensch mit uns Menschen, Gott mit uns hungernd und dürstend, Gott mit uns in der Qual der Gottverlassenheit, Gott mit uns im Sterben und im Grabe, Gott mit uns in Zeit und Ewigkeit.

Das ist die Rettung aus dem Tode fürs Leben. Damit fängt das Leben neu an. Jetzt bin ich auch dann nicht allein, wenn die anderen mich allein lassen. »Mein Vater und Mutter verlassen mich, aber der Herr nimmt mich auf« (Ps. 27,10). Jetzt, wenn Er bei mir ist und mir das sagt, beginnt dann auch die Mauer zwischen mir und den anderen niedriger zu werden und Türen zu bekommen; weil Er für mich sorgt, brauche ich nicht mich ständig um mich selbst zu drehen, ich werde frei, zu den anderen hinüber zu schauen, statt für mich für diesen anderen Menschen zu sorgen. Die Überschrift über unserem Leben lautet nicht mehr: »Im Grunde ist jeder Mensch allein« –, sondern »Gott mit uns« – und deshalb auch »Wir miteinander!«.

Das ist das Leben, von dem der Weihnachtsruf des Neuen Testamentes sagt: »Das Leben ist erschienen!« (1. Joh. 1,2). Das sagt der Name Jesus, das ist die Geschichte Jesu, die ausgreift zu uns allen: Dieser Jesus ist der Mensch, mit dem der ewige, lebendige Gott ist; hier sind Gott und Mensch in der engsten Gemeinschaft miteinander zusammen, und deshalb ist dieser Jesus auch der Mensch, der über alle Trennungen von Raum und Zeit mit uns anderen Menschen zusammen sein kann: »Siehe, ich bin bei euch alle Tage bis an der Welt Ende«, – so sagt er als der Auferstandene am Ende des Matthäusevangeliums, an dessen Anfang wir von seiner Geburt lesen.

Jetzt beginnt die Geschichte der an dieser Geburt beteiligten Menschen im Lichte des »Gott mit uns« zu leuchten. Da ist dieser *Joseph*, der hier im Vordergrund steht und von dem wir nur hier zu hören bekommen. Er ist ein »*Gerechter*«, heißt es hier, ein guter gottesfürchtiger Mann, der es gut mit Maria meint. Aber freilich, er liebt auch sich selbst, und deshalb kann er sich nicht zumuten, sie als seine Ehefrau zu nehmen und zu behalten, wenn sie jetzt mit einem Kinde kommt, das nicht sein Kind ist. Er überlegt hin und her, wie er dem armen Mädchen die öffentliche Schande und die strengen Strafen, die damals einer ungetreuen Verlobten drohten, ersparen könnte, aber klar war dabei: behalten wird er sie nicht. Genau das aber muß er auf sich nehmen, genau dazu wird er nun durch das Wort, das Gott zu ihm spricht, überwunden. Er darf sich von diesem Menschen Maria nicht scheiden; er darf nicht auf seine Ehre für sich bedacht sein, sondern muß seine Ehre in den Dienst dieses anderen Menschen stellen. Menschen, die in den Machtbereich der »Gott-mit-uns«-Geschichte geraten, können nicht mehr nach eigenem Kopfe und zum eigenen Nutzen leben; über sie wird verfügt zum Dienst Gottes und zum Dienst der anderen Menschen. – Nicht anders geht es *Maria*. Von ihr hören wir fast nichts in unserer Erzählung, sie ist ganz passiv; ihr Schicksal ist ganz abhängig von dem, was über sie beschlossen wird von oben her, von Gott her, und von diesem Manne her. In der Art, wie das Lukas-Evangelium von ihr erzählt, zeigt sich, daß sie doch nicht nur passiv, wie ein lebloses Werkzeug ist; dort sagt sie: »Mir geschehe, wie du gesagt hast!« (Luk. 1,38). Über sie wird verfügt –, aber auch von ihr wird verlangt, daß sie sich zur Verfügung stellt. Im Lichte des »Gott mit uns« geschieht es, daß Menschen sich dem Willen Gottes zur Verfügung stellen –, und eben dadurch sind sie auch in der größten Ratlosigkeit nicht mehr allein. Gottes Weisung hilft ihnen von Schritt zu Schritt weiter. Auch zueinander finden sie nun, und nichts kann sie mehr voneinander trennen. Maria kann sich dem Joseph anvertrauen und ihm zumuten, daß er ihr glaubt und daß er sein Leben mit ihr und ihrem Kinde verbindet; Joseph kann Maria annehmen, ohne Mißtrauen sie vor der Schande schützen und der Vater ihres Kindes sein.

Dies alles sind Auswirkungen des Wunders, das in der Mitte unserer Erzählung steht: ein Mensch wird geboren, dessen Leben und Gegenwart die Rettung für alle Menschheit ist, das Ende unserer tiefsten, schlimmsten Not. Ein Mensch, der für alle Menschen da ist, der alle Menschen erreichen und in die Einsamkeit aller Menschen eindringen kann. Ein Mensch, in dem der ewige Gott selbst unser leibhaftiger Bruder, unser nächster Verwandter, unser engster Freund wird. Ein Mensch, der Immanuel heißt und ist. Dazu hat er nicht sich selbst gemacht, dazu haben nicht wir ihn gemacht, dazu hat ihn nicht Joseph gemacht, dazu ist er *»vom Heiligen Geist«* erwählt und gemacht. Dieses »Gott mit uns« in Jesus ist das große Wunder der Weihnacht, der dauerhafte Besuch des ewigen Lebens bei den Menschen, die große Hoffnung für jeden Menschen, der Zusammenschluß der verfeindeten Menschheit zur großen Bruderschaft. Von diesem Wunder kann man nicht groß genug sprechen, und dieses Wunder kann man nicht genug ernst nehmen durch Änderung der ganzen Lebensführung. So klein kommt Gott, so schutzbedürftig, so schandebedroht – und so groß ist sein Kommen, daß es dieser Kleinheit nicht zum Opfer fällt, daß es sich durchsetzt und ausgreift und uns alle erreicht und auch uns zu Brüdern dieses Jesus macht, zu Menschen, deren Alleinsein besiegt und aufgehoben ist, die damit dem Leben gewonnen sind und neu zu leben anfangen – und sich freuen und singen, wie es in den Liedern der Weihnachtszeit geschieht:

Lob, Preis und Dank, Herr Jesu Christ,
sei Dir von mir gesungen,
daß Du mein Bruder worden bist
und hast die Welt bezwungen;
hilf, daß ich Deine Gütigkeit
stets preis in dieser Gnadenzeit
und mög hernach dort oben
in Ewigkeit Dich loben.

Aber so wahr als ich lebe,
so soll alle Welt der Herrlichkeit des Herrn voll werden.
4. Mose 14,21

Wenn alle Welt der Herrlichkeit des Herrn voll sein wird, liebe Gemeinde, dann wird Weihnachten nicht eine Reihe von ein paar Tagen sein, in denen die Leute nett zueinander waren, und die dann rasch vorüber sind, weil der rauhe Daseinskampf wieder sein Recht fordert, dann wird »das Röslein, das ich meine« nicht blühen mitten im kalten Winter, dann wird der Stern Jesu Christi nicht nur ein einsamer Stern am finsteren Nachthimmel der Welt sein, sondern dann wird alles durchdrungen sein von Licht und von Heiligem Geist, jedes einzelne Leben von der Gegenwart Gottes erfüllt sein und also endlich ein wirkliches Lebes sein und das Ganze wird seinen Sinn erhalten haben. Nichts wird zu kurz kommen, weder das Kleine und Einzelne, noch das Große und Ganze. Keiner braucht besorgt sein, daß er, der kleine Mensch, der winzige, zu kurz kommt, wie bei den großen Projekten der großen Männer, die die Weltgeschichte angeblich machen und deren Triumphstraßen besät sind von den zertretenen kleinen Leuten, sondern jeder, auch noch so unscheinbar und klein, wird zur Vollendung seines Lebens kommen, und es braucht keiner besorgt sein, daß das nur so im einzelnen steckenbleibt, etwa nur so bei ein paar frommen Leuten im Winkel, bei ein paar Christen, und alles übrige, die ganze Menschheit, preisgegeben wird. »Alle Welt soll voll werden der Herrlichkeit des Herrn!«

Nimm alle Träume von einer heilen Welt zusammen, und nimm vor allem auch die Träume zusammen, die das Evangelium überhaupt erst in dir entzündet, daß du selbst nämlich doch anders sein möchtest! Ich möchte ein brennender, liebender, opferbereiter, wahrhaftiger, glaubender Christ sein und nicht so ein kümmerlicher und träger, unzulänglicher Alltagschrist, für den alles gilt, was die Leute gegen die Kirche sagen. Nimm all diese Träume zusammen! Dies und noch mehr soll »so wahr als ich lebe«, so wahr der lebendige Gott die Wirklichkeit aller Wirklichkeiten ist, wirklicher als alles andere, was wirklich ist, so wahr soll das erfüllt werden und die Welt eine lebendige Welt werden, wie ein Garten durchwärmt von der Sonne, daß jeder Vogel darin singt und kein verborgenes, dunkles Eckchen mit Eis und Schnee mehr übrig bleibt. Das ist die Verheißung, deren Licht leuchtet durch Weihnachten. Denn das ist das, was zu Weihnachten angefangen hat. Die neue Welt Gottes, ein paar wenigen aufgetan, von den paar Leuten, die in den Weihnachtsgeschichten vorkommen, als Repräsentanten der ganzen Menschheit, blinzelnd vor Glanz ins Auge gefaßt, am Ende des Neuen Testamentes dann offen dargetan als die große Inaussichtstellung: »Siehe da, die Hütte Gottes bei den Menschen, und er wird bei ihnen wohnen, und sie werden sein Volk sein und er selbst, Gott mit ihnen, wird ihr Gott sein. Und er zeigte mir die große Stadt, die hatte die Herrlichkeit Gottes, und ich sah keinen Tempel darin; denn der Herr, der allmächtige Gott, ist selbst ihr Tempel und das Lamm. Und es wird keine Nacht da sein, und sie werden nicht bedürfen einer Leuchte oder des Lichtes der Sonne; denn Gott der Herr wird sie erleuchten, und sie werden regieren von Ewigkeit zu Ewigkeit« (Off. 21).

Diese Aussicht ist durch die biblische Botschaft hineingetragen worden in die Menschheit; von ihr stammen alle Hoffnungen auf die Zukunft und Zielsetzungen, die seither entstanden sind, die Hoffnungen des ganzen Sozialismus, nur daß sie von dieser biblischen Hoffnung noch weit übertroffen werden. Wenn die Sozialisten dann lieber sprachen von der Herrlichkeit des Menschen, von der die Erde voll werden soll, als von der Herrlichkeit des Herrn, dann haben sie, so weit sie so sagten, nur nicht verstanden, wie in der Herrlichkeit des Herrn der Mensch zu seinem Recht kommt und der Mensch herrlich wird, frei von allen Schanden und Banden, unter denen jetzt unser Leben noch liegt, – aber allerdings so, daß der Mensch nur da herrlich ist, wo er den lebendigen Gott über sich hat und aus der Gegenwart des lebendigen Gottes lebt. Herrlich ist der Mensch, solange er sein Ziel über sich hat, und darum ist der Mensch nicht das Höchste für sich selbst, und wo er das ist und wo er sich selbst feiert, da geht die Sache nicht gut aus. Aber wo er über sich den lebendigen Gott hat und dessen Herrlichkeit, da wird und da kommt der Mensch zu seiner Herrlichkeit.

Wenn ihr nun, liebe Freunde, zu Hause dieses 14. Kapitel des 4. Mose-Buches nachschlagt, werdet ihr sehr betroffen sein; denn ihr werdet sehen, daß die Losung des heutigen Weihnachtstages, dieses herrliche Verheißungswort, aufblüht, wie eine Blume in der Wüste aufblüht inmitten einer schrecklichen Geschichte und eines schrecklichen Zorneswortes Gottes. Das Volk Israel auf dem Zug durch die Wüste hat durch Kundschafter erfahren, das Land, das ihm versprochen ist, sei schon bewohnt von einer starken, furchterregenden Menschenrasse. Daraufhin will das Volk, voll Angst, nichts mehr wissen von der göttlichen Verheißung, lieber zurück als vorwärts, murrt gegen die, die es bis dahin geführt haben, und gegen den, der es bis dahin geführt hat, gegen den Gott Israels und seinen Propheten Moses, und strebt zurück zu den Fleischtöpfen Ägyptens, statt vorwärts in das Abenteuer, in das sein Gott es hineingeführt hat. Daraufhin wird ihm angekündigt, diese ganze Generation, die nichts tauge, werde erst aussterben müssen, bevor sie das verheißene Land in Besitz nehmen dürfen. Und eben diese Ankündigung beginnt mit dem Wort: »Aber so wahr ich lebe und alle Welt der Herrlichkeit des Herrn voll werden soll, sollen alle die, die jetzt gemurrt haben, das verheißene Land nicht sehen.«

Das heißt: Auf Weihnachten bezogen, ist diese Verheißung, die ihren Anfang mit der Erscheinung Jesu Christi genommen hat, zugleich der Aufruf, nicht rückwärts, sondern vorwärts zu schauen, in das Abenteuer des Weges Gottes sich einzulassen. An Weihnachten handelt es sich nicht um sehnsüchtiges Zurückträumen ins Kinderland und in die schönen Weihnachtsabende, die wir einmal früher gehabt haben. Weihnachten heißt: bereit werden zum ständig neuen Aufbruch der Gottesgemeinde hin auf ihr Ziel.

Wie unselbstverständlich das ist, liebe Freunde, das ist heute nacht an den Tag gekommen. Gestern abend um 1/2 11 Uhr haben sich Studenten an der Kaiser-Wilhelm-Gedächtniskirche aufgestellt und haben, so taktlos und so ohne Respekt vor allen unseren Gefühlsbedürfnissen, wie sie heute sind, den Besuchern der Christvesper Plakate hingehalten, die von dem Grauen in Vietnam in Wort und Bild eine Vorstellung gaben. Dann sind vor dem Gottesdienst ein paar Studenten hineingegangen und wollten, weil sie die empörten Äußerungen der Gottesdienstbesucher über diese Belästigung vernommen hatten, der Gemeinde noch ein paar erklärende Worte sagen. Da wurden sie mit Gewalt hinausgetrieben, und von einem Kirchenbesucher ist einer der Studenten, Rudi Dutschke, mit einem Spazierstock so zusammengeschlagen worden, daß er dann blutüberströmt draußen erschien – und dies unter der Zustimmung vieler Kirchenbesucher in der Weihnachtsnacht!

Nun, liebe Freunde, sollen wir nicht uns verstricken, scheint mir, in die Frage, ob es angebracht von diesen Studenten war, die es freilich für angebracht hielten, in der Weihnachtsnacht uns an Vietnam zu erinnern. Und es ist auch nicht das Allerschlimmste, was uns zunächst als das Schlimmste erscheint, daß da in der Kirche geschlagen wurde und Blut geflossen ist, sondern am schlimmsten ist doch, daß das ein Zeichen ist, wie wenig wir als christliche Gemeinde bereit sind, aufzubrechen in neue Aufgaben. Da haben wir unsere schönen Weihnachtsfeiern, und das ist uns ein heiliger Besitz. Und dieses Gut werden wir verteidigen mit Fäusten und mit Stöcken, und selbst, wenn unser Herr daherkommen würde, er selbst, und uns stören in unseren

Feiern, dann werden wir ihn auch hinausjagen; denn wir wollen unsere schönen Feiern haben. Er geht dann vielleicht traurig vorbei an diesen Weihnachtsfeiern; denn Er hat uns ja genau gesagt, wo Er im Jahr 1967 zu finden ist: dort, wo es Gefangenschaft und Hunger und Folter gibt und wo die geringsten von seinen Brüdern gequält werden, also zwar nicht nur, aber sicher jedenfalls auch in Vietnam, und wer ihn nicht dort sucht, eine solche Gemeinde sitzt um eine leere Krippe, in der nur eine künstliche Puppe liegt, und der lebendige Christus ist ganz woanders.

Weihnachten ist also – recht gehört, im Zusammenhang der ganzen Bibel gehört – ein Ruf zum Aufbruch, auszuschauen, wo Er gerade sich aufhält, wo Er heute, 1967, auf uns wartet, wo seine Straße der Nachfolge verläuft, und ja nicht da zu bleiben, wo es uns gerade gefällt, bei unserm Besitz, bei unserer Tradition und Frömmigkeit und bei dem, was wir haben!

Schaut, liebe Freunde, wir leben ja zwischen Weihnachten und Weihnachten. Zunächst chronologisch, jedes Jahr. Jetzt ist wieder ein Jahr vorbei seit dem letzten Weihnachten, und wir denken daran, was in diesem Jahr alles lag. Einige von euch sind durch schweren Kummer gegangen und haben Todesnachricht nach Todesnachricht bekommen in diesem schmerzvollen Jahr. Einige haben sich am Leben versündigt und Schuld auf sich geladen und dürfen jetzt doch unter der Vergebung wieder lachen und feiern. Einige haben das große Geschenk der Liebe erhalten und wieder lieben dürfen, und es war ein Jahr des Glücks. So können wir aufzählen die verschiedensten Schicksale, die jetzt in dieser Kirche vereinigt sitzen, wir alle miteinander. Was wir erlebt haben, liebe Freunde, das Glück und die Schuld und die Todesnachrichten und die Entdeckung, daß wir fühlbar älter werden und unserm Ende entgegengehen, dies alles waren Aufrufe, aufzubrechen aus der bisherigen Art des Lebens, neu aufmerksam und dankbar hinzuhorchen auf die andere Botschaft, die hereinkommt in unser Leben, nicht mehr so gottlos, so selbstvertrauend oder auch so an sich selbst verzweifelnd zu leben, so einsam, so oder so auf sich selbst geworfen, wie wir es bis jetzt getan haben. Denn Weihnachten ist neben dem, daß es ein Signal des Aufbrechens ist, ja auch eine große Zusage. Es ist ja nicht so, daß es uns in ein wildes Abenteuer führt, sondern es verspricht uns: Wir sind begleitet von dem Anfang, der schon begonnen hat, daß alle Welt voll werden soll der Herrlichkeit des Herrn, auch unser persönliches Leben, auch wenn es sich jetzt zum Alter und zum Grab senkt, auch wenn es schuldbefleckt ist, daß es voll werden soll der Herrlichkeit des Herrn, ein Zeugnis von der Wirklichkeit Gottes. Das hat ja schon angefangen!

Weihnachten, diese ganzen Erzählungen, diese halb legendären, halb gut überlieferten Erzählungen, die aber in allem einen großen Kern haben, sie wollen alle sagen: Diese deine Zukunft hat schon begonnen, das ist schon im Gange, du lebst zwischen Weihnachten und Weihnachten, d. h. zwischen dem Anfang der Vollendung und dem Ende und der Erfüllung der Vollendung. Du lebst schon zwischen den Zeiten. Nun schaue dein alterndes Leben und dein schuldbeladenes Leben und dein krankes Leben und auch dein glückliches und dein junges und hoffendes Leben, schaue das an als hineingefügt in die Zeit zwischen dem Anfang und der Vollendung!

So unsere Wirklichkeit anschauen, liebe Freunde, das würde bedeuten, einmal: Das nimmt hinweg die lähmende Hoffnungslosigkeit, die immer wieder uns anfällt, weil wir merken, wir werden nicht besser und anders, und die um uns herum lassen sich auch nicht ändern, und diese ganze Welt ändern zu wollen, ist eine Illusion. Das wird weggenommen und statt dessen gesetzt die Hoffnung, die sagt: *Er* kann, und *Er* ist auf dem Plan, und Er kann's mit mir immer wieder neu machen und dadurch auch meine Beziehungen zu den anderen neu machen, und Er kann auch in dieser Weltgeschichte etwas voranbringen. Weil der Mensch nicht allein ist, darum ist Hoffnung.

Und zweitens: Die Wirklichkeit ansehen zwischen dem

Anfang und der Erfüllung, der Vollendung, das nimmt weg die Selbstgerechtigkeit und die damit verbundene Bitterkeit: Die anderen sind schuld! Wenn die anderen anders wären! Ich will ja das Beste. Ich habe die besten Gedanken. Der im Stall Geborene ist der von uns allen Gekreuzigte. Und darum sagt dieser Anfang: Wir alle sind mitschuldig am Zustand der Welt, wie sie ist, und dies zu hören macht uns bescheiden und barmherzig und geduldig und verstehend und hörbereit!

Und drittens: Die Wirklichkeit so ansehen, nimmt weg die Bequemlichkeit, die lieber für sich lebt und sich das eigene Leben sichert und sich anpaßt, damit es nicht gefährlich wird, uns es vermeidet, sich zu exponieren. Weihnachten gibt den Mut, auf die Schanze zu treten, für die Gerechtigkeit einzutreten, den Mund aufzutun für die Stummen und für die Sache derer, die verlassen sind, neue Wege und ungewohnte zu suchen und nicht immer nur im alten zu verharren. Und schließlich viertens: Die Wirklichkeit als die Zeit zwischen Weihnachten und Weihnachten, zwischen Anfang und Vollendung zu sehen, das nimmt die Freudlosigkeit weg, an der viele Menschen und auch so viele Christen heute leiden mit ihren Vorwürfen gegen die anderen und mit ihrer Verzagtheit, daß der liebe Gott vielleicht doch tot sei, und es gibt eine tiefe, unauslöschbare Freude, die uns tröstet mitten in der Traurigkeit und der Angst, die uns zu lachen erlaubt mitten in der Schuld und dem Geständnis unserer Schuld, die uns fröhlich macht gegenüber den Nächsten und freundlich zu allen Menschen. Das kann die Weihnachtsbotschaft ausrichten, wenn wir sie heute gehört haben und morgen und alle Tage im Ohr behalten.

»Jesus Christus«, so sagt Christoph Blumhardt einmal, »Jesus ist der Schwur Gottes. Ich garantiere euch mit diesem Mann, daß die Welt nicht verloren ist, daß es zu einer wahrhaftigen Menschheit kommen kann. Da in eurem Fleische drin, wo ihr fast verzweifelt, soll das Licht aufgehen.« Weil es schon aufgegangen ist, wird es immer wieder aufgehen und endlich strahlen über der ganzen Welt.

III Konsequenzen

DIE KONSEQUENZEN VON WEIHNACHTEN

Der Gottlose lasse von seinem Wege
und der Übeltäter von seinen Gedanken
und bekehre sich zum Herrn,
so wird er sich sein erbarmen,
und zu unserm Gott,
denn bei ihm ist viel Vergebung.
Jesaja 55,7

Das sind die Konsequenzen von Weihnachten! Weihnachten hat Konsequenzen, und Weihnachten kann man nicht haben ohne Konsequenzen. Ein Weihnachten ohne Konsequenzen, ohne ändernde Konsequenzen wäre so sinnlos, wie es tatsächlich von vielen gefeiert wird: ein kurzes Nettsein zueinander, ein paar Tage überladen mit Geschenken und Genüssen, ein kurzes Licht im grauen Alltag – und dann wieder weiter in der alten Tour! Mancher möchte es gar nicht anders haben. Er nimmt das Schöne an Weihnachten, auch das Christlich-Schöne, auch das unaussagbare Wunder der Menschwerdung Gottes als eine erfreuliche Zugabe zum übrigen Leben, eine erwünschte Lebenserleichterung und ein begrüßenswertes Versprechen göttlicher Gnade und ewigen Lebens, wie ein Glücksspieler am Spieltisch den großen Gewinn hinnimmt: als eine Gelegenheit, noch intensiver mit noch größeren Einsätzen sein Roulettespiel zu betreiben und also sein Leben weiterzumachen wie bisher. Damit verspielen wir aber das große Geschenk, damit machen wir es unfruchtbar. Die Geschichte der Christenheit im Großen wie im Kleinen ist eine Geschichte herrlicher Früchte des göttlichen Weihnachtsgeschenkes, aber auch oft genug die traurige Geschichte des Unfruchtbarmachens, weil überhört worden ist, was uns Gottes Wort von den Konsequenzen von Weihnachten sagt. Darum ist es nötig, daß uns mit der Botschaft von dem, was geschehen ist im Kommen Jesu von Bethlehem bis Golgatha, zugleich auch gezeigt wird, daß dies eine lebendige, drängende, auf Veränderung drängende Botschaft ist, und darum ist unser heutiges Losungswort nicht ein unweihnachtliches, unfreudiges, enttäuschendes, wie eine kalte Dusche wirkendes Wort, sondern hat teil an der freudigen Herrlichkeit der Weihnachtsbotschaft und deckt sie erst ganz auf, wie überhaupt in der Bibel kein noch so ernstes, noch so strenges, noch so erschreckendes Wort steht, das nicht durchtränkt wäre vom seligen Lichte des gnädigen Kommens Gottes zu uns Menschen. Erst wenn man dieses Licht sieht, ist jedes strenge Bibelwort recht verstanden, – aber erst wenn man die unbequeme Strenge nicht wegläßt, ist das Licht in seiner ganzen Herrlichkeit zu sehen.

Es steht aber mit den Konsequenzen von Weihnachten Gott sei Dank nicht so, wie es uns in unserer Kindheit oft nach besonders schönen Ereignissen erging: Nach einem gelungenen Schulausflug kam das dicke Ende nach und man mußte einen Aufsatz darüber schreiben; nach der Freude am weihnachtlichen Gabentisch kam die Ermahnung der Eltern und man mußte sich hinsetzen und die lästigen Dankbriefe schreiben. Solche Konsequenzen verdarben einem oft nachträglich die ganze Freude. Die Mahnung unseres Losungswortes ist nicht der nachträglich schulmeisterlich erhobene Finger: nun mußt du aber recht brav sein, sonst bringt dir das Christkind das nächste Mal nichts mehr! Sie spricht nicht von unerfreulichen Konsequenzen und lästigen Verpflichtungen, die uns aus dem göttlichen Geschenk erwachsen, sondern sie deckt in Form einer Mahnung die Herrlichkeit des Geschenkes auf. Wir haben sie verstanden, wenn wir sie verstanden haben als die Enthüllung der wunderbaren Konsequenzen, der herrlichen Einladung, der neuen Möglichkeiten und Gelegenheiten, die mit dem Hereinkommen Gottes in unsere Welt, in unser Leben uns gegeben sind, als ein Teil der Gabe selbst, über die wir uns an Weihnachten freuen sollen.

Von der Gabe sprechen alle Weihnachtslieder, ist das ganze Neue Testament voll, rühmt jeder unserer Gottesdienste:

Sehet doch da,
Gott will so freundlich, so nah
zu den Verlorenen sich kehren.

Damit der Sünder Gnad erhält,
erniedrigst du dich, Herr der Welt,
nimmst selbst an unserer Menschheit teil,
erscheinst im Fleisch und wirst uns Heil.

Sehet, was hat Gott gegeben!
Seinen Sohn zum ewgen Leben!
Gott wird Mensch, dir Mensch zugute,
Gottes Kind, das verbind
sich mit unserm Blute.

Sei mir willkommen, edler Gast,
den Sünder nicht verschmähet hast
und kommst ins Elend her zu mir.
Wie soll ich billig danken dir?

Wie verschieden hören wir das? Wie verschiedene Weihnachtsfeste hat es schon in unserem Leben gegeben, – solche, an denen unser Herz die Botschaft trank wie das von der Dürre verbrannte Erdreich im vergangenen Sommer den langersehnten Regen, – solche, an denen wir auf alles andere eher verzichtet hätten als auf die Botschaft von Gottes Kommen zu uns, – solche, an denen wir mit anderen Dingen zu beschäftigt waren, und zu sehr von anderen Dingen glaubten leben zu können, als daß uns diese Botschaft merklich berührt hätte, – solche auch, an denen sie so außerhalb unseres Horizontes lag, so fern, so unmöglich und unglaublich, daß wir keinen Zugang zu ihr fanden und schmerzlich außerhalb der Glaubenden und Sichfreuenden standen. Aber wie verschieden wir auch dran sind, an der Botschaft selbst ändert das nichts. Es gehört gerade zu ihren wesentlichen Zügen, daß sie ein Kommen für *alle* verkündet und daß sie ein Kommen in eine unvorbereitete, nicht glaubende Welt hinein erzählt. Alles, was Menschen tun in der Weihnachtsgeschichte: hören, hinlaufen, anbeten, preisen – all das ist nachträglich, ist Konsequenz, die herkommt von dem, was ohne sie vorher geschehen war: Da war er mitten unter sie getreten, und seine armselige, ohnmächtige Kindesgestalt wie seine ganze Art während seines ganzen Erdenlebens sollte nichts ausdrücken als dies eine, was eben hier in unserem Wort von ihm steht: *»bei ihm ist viel Vergebung«*, er ist *»groß im Vergeben«*, wie es, wörtlich übersetzt, lautet. Was ist einer, der groß ist im Vergeben? Das ist einer, der keine Konsequenzen zieht aus dem, was ihm widerfährt, der sich durch eine Unzahl von abschreckenden Erfahrungen nicht verbittern läßt, der nicht ein Konto über das, was ihm angetan wurde, führt, sondern dieses Konto durchstreicht, der also nicht anrechnet und nicht vergilt. Das ist schon etwas Unerhörtes, vor dem man, wenn man es ermißt, fassungslos stillstehen wird: Gott rechnet nicht an! Aber nun mehr noch! Vergeben bedeutet darüber hinaus noch ein äußerst positives Tun. Einer, der groß ist im Vergeben, das ist einer, der sich nicht ekelt, der Aussätzige küßt, Verkommene an sein Herz nimmt, der nicht an Rache, sondern nur an Hilfe denkt für die, die ihn beleidigen und verhöhnen, der von seiner Höhe herunter nicht verachtet, sondern dem seine Heiligkeit nur dazu gut ist, aus unheiligem Gesindel heilige Leute zu machen; er kommt in unseren Stall, an unseren Tisch, in unser Grab, er macht sich gemein mit uns, er will aus solchen egoistischen, glaubens- und lieblosen Menschen etwas machen zu seiner Ehre und zur Freude der Menschen, er will Jünger, Zeugen, Diener aus ihnen machen in seiner großen Barmherzigkeit an der ganzen Menschheit, seine Liebe geht auf alle und aufs Ganze, und an ihrem Werk will er uns beteiligt wissen, – so groß ist er im Vergeben!

Wenn Gott sich so enthüllt und so unter uns tritt, wenn also die erste und die letzte Wirklichkeit diesen Namen trägt: Jesus Christus = Gott »groß im Vergeben«, dann hört es sich doch ganz anders an, wenn uns gesagt wird:

»Der Gottlose lasse von seinem Wege und der Frevler von seinen Gedanken.« Das ist nun nicht mehr das dicke Ende, der drohend aufgehobene Finger, sondern das ist die selige Konsequenz von Weihnachten: Die Zeit der Gottlosigkeit ist nun zu Ende, dies alles muß nun nicht mehr sein. Was ist ein Gottloser und was sind seine Wege? Wir meinen: der die Existenz Gottes leugnet, ein Atheist, also einer, der aus irgendwelchen Gründen meint, die Vorstellung von Gott passe nicht ins heutige Weltbild hinein, – womit er übrigens gar nicht so unrecht hat; denn der lebendige Gott ist nicht ein Einrichtungsgegenstand innerhalb eines von uns mit unseren Mitteln entworfenen Weltbildes. Weihnachten, Karfreitag, Ostern, – das läßt sich aus keinem Weltbild ableiten und darum auch in kein Weltbild einordnen, weder in das antike noch ins moderne.

Viele in der Kirche meinen heute, dieser moderne weltanschauliche Atheismus sei die Hauptbedrohung der Kirche, ihm müsse der Hauptkampf der Christen gelten, und mit drohender Stimme möchten sie unser Losungswort den Atheisten entgegenhalten: »Ihr Gottlosen, laßt von eurem Wege, sonst lauft ihr ins Gericht Gottes!« Aber wie wir schon gemerkt haben, daß die Tonart unseres Verses eine andere ist, so steht es auch mit den Adressaten. Die Anrede meint zuerst den Atheismus *in* der Kirche selbst und dann erst alle anderen. Atheistische Weltanschauung im modernen Sinn dürfte es damals in der Umgebung des Propheten gar nicht gegeben haben. Mit seinem Wort an die Gottlosen meint der Prophet nicht eine besondere weltanschauliche Gruppe, sondern er überblickt die ganze Welt und überall, in den heidnischen Völkern mit ihren tiefsinnigen Religionen wie gerade auch in Israel, dem erwählten Gottesvolk, überall sieht er die Menschen sich abkehren vom Ruf Gottes und sich hinquälen in großer Gottesferne, unter einer Decke von Gottlosigkeit, mit vielen Göttern, Priestern, Opfern, mit Weltanschauungen, Gesetzen, Idealen und Programmen, nur eines fehlt ihnen: der lebendige Gott selbst, der groß ist im Vergeben, und der mit seinem

Lebenshauch in unsere toten Werke hereinkommt und die Todesmauer zwischen Gott und Welt und damit auch zwischen Mensch und Mensch wegschmilzt. Ihn haben sie nicht, und darum kommen sie aus Gottlosigkeit, aus Angst und Feindschaft nicht heraus. Ihn sieht der Prophet am Werk, Ihn hört er kommen, Ihn hat dann die Gemeinde erkannt in Jesus und darum trägt sie jetzt den Ruf des Evangeliums in die Welt: Diese ganze Gottlosigkeit, die religiöse wie die atheistische, diese ganze Verlorenheit des Menschen in der Welt, dieses herrenlose Vagabundieren nach dem eigenen Kopf, dieses ziellose Verrinnen ins Nichts, diese ganze Trauer in jeder Freude, diese Hoffnungslosigkeit in aller Hoffnung, dieser böse Haß von Mensch zu Mensch, – das alles ist jetzt Sache der Vergangenheit, das lohnt nicht mehr, das hat keine Wahrheit und keine Zukunft mehr, das ist altmodisch und antiquiert, auch wenn es sich mit den modernsten Federn schmückt, dem darf man nicht einmal die Ehre antun, daß man es ernst nimmt, das kann man gerade nur fahren lassen, wie man ein giftiges Getränk, mit dem man in der Verzweiflung seinen Durst stillen wollte, fahren läßt, sobald einem lebendiges Wasser angeboten wird.

»Der Gottlose lasse seinen Weg!« Wie tröstlich ist das zu hören! Wir sind also nicht dazu verurteilt, gottlose Menschen zu sein! Es ist uns also nicht verhängt, ratlos im Finstern zu tappen, Götter nach unserem Bilde zu erfinden und sie dann wieder zu zerstören, wenn sie sich als Irrlichter herausgestellt haben, um dann freilich das uns umgebende Dunkel noch finsterer zu spüren. Das Hin und Her zwischen dem Opium der Religion und dem Stolz, mit dem der Atheist auf jeden Trost im Dunkel verzichtet, ist nicht die letzte Wahrheit; der lebendige Gott tut die verschlossene Tür auf und verbindet sich mit uns. Gemeinschaft mit Gott ist kein leerer Traum mehr. Gott zieht nicht die Konsequenzen des Gerichts, die Konsequenzen unserer eigenen frommen und unfrommen Wege, sondern er zieht nur noch die Konsequenzen der Barmherzigkeit, und darum heißt Weihnachten: Jetzt beginnt eine neue Geschichte, jetzt glaubt nicht mehr an eure Gottlosigkeit, sondern laßt euch seine Gegenwart zurufen, jetzt glaubt an die neue Möglichkeit, jetzt zieht ebenfalls die neuen Konsequenzen! Jetzt steht jeden Tag auf und sagt euch: Der lebendige Gott kämpft um seine Welt, er ist mitten im Kampf schon auf seinem Siegesweg, er will mich dabei haben! Was heißt das heute? Vom lebendigen Gott her leben, was heißt das heute? Gottesgemeinschaft ernst nehmen – was heißt das heute? Als Kind sich zum Vater bekennen – was ist heute in meinem Leben noch ein Stück von der alten, verheißungslosen, gänzlich antiquierten Gottlosigkeit, die fahren zu lassen ist, – wo verlockt mich heute ein Wegweiser mit irrlichternden Versprechungen, dessen Aufschrift doch, sobald ich sie, meiner leicht zu täuschenden Augen wegen, mit der scharfsichtig machenden Brille des Evangeliums lese, durchgestrichen und mit »Gottloser Weg« überschrieben ist?

Das ist die Seligkeit von Weihnachten, daß es über vieles, was wir so denken, reden und tun, darüberschreibt: das braucht es nicht mehr, damit mußt du dich nicht mehr abquälen, das ist erledigt! Daß du meinst, von Gott verlassen zu sein – ebenso, wie du meinst, über Leichen gehen zu müssen –, daß du meinst, du seiest, weil du krank oder arm oder alt oder einsam bist, zur Sinnlosigkeit, zum Lebensverlust verurteilt, ebenso, wie du meinst, mit den Wölfen heulen und dich mit Geiz oder Schwindel oder Rücksichtslosigkeit in die Höhe arbeiten zu müssen. Du brauchst das nicht mehr, du bist nicht verlassen, du darfst dich führen lassen, du bekommst von ihm Besseres zu tun! Und das ist der Ernst von Weihnachten, daß Gottes lebendiges Kommen über vieles, was wir so denken, reden und tun, mit aller Strenge und Entschiedenheit sagt: das geht jetzt nicht mehr! Das kann jedenfalls für einen, der die Botschaft vom Kommen des lebendigen Gottes, der groß ist im Vergeben, gehört hat, nicht mehr in Frage kommen, das kommt also jedenfalls für einen Christen nicht mehr in Frage!

Was meinen wir harthörigen Christen trotzdem uns immer noch leisten zu können! Was leisten wir uns in unseren Gemeinden an Eifersüchteleien, Intrigen, Nachtragereien und Klatsch! Wie meinen wir im Einzelleben uns allerlei kleinen Götzendienst an Eitelsein und Selbstgefälligkeit, an Geldbeutelzuknöpfen beim Anruf der Not leisten zu können, wieviel Unaufmerksamkeit für den Nebenmenschen und Gleichgültigkeit gegen Gottesdienst und Sakrament, woraus dann die große Unaufmerksamkeit der Christenheit heute erwächst, mit der man meint, den strikten Widerspruch zwischen Weihnachtsbotschaft und Kriegsgedanken, zwischen Gottesgemeinschaft und Massenvernichtungsmitteln übersehen oder wegdisputieren zu können!

Laßt Weihnachten aufräumen und Ordnung schaffen in eurem Denken, Reden und Tun! Laßt uns aufmerksam hören, wie die Botschaft uns täglich für vieles im Kleinen wie im Großen sagt: Der lebendige Gott ist da, darum könnt ihr euch diese Gottlosigkeit jetzt nicht mehr leisten! Im seligen Gericht der Weihnachtsbotschaft wird dann zu hören sein, wie sie zugleich uns sagt: Der lebendige Gott ist da, darum kannst du jetzt aus Weihnachten die Konsequenzen ziehen, d. h. vieles dir leisten, was du dir vorher nicht leisten konntest. Darum kannst du dir jetzt leisten zu glauben, zu beten, auf gottlose Mittel zum Leben und zur Selbstbehauptung zu verzichten; darum kannst du dir jetzt leisten, an seine Nähe zu glauben, auch wenn du nichts von ihm spürtst; darum kannst du dir es jetzt leisten, deinen unsympathischen Nächsten zu lieben, für »Brot für die Welt« mehr zu geben, als du dir eigentlich leisten kannst, lieber Unrecht zu leiden als Unrecht zu tun, den Mund aufzumachen fürs Evangelium, ebenso für Recht und Wahrheit, dem Alter, der Krankheit, dem Sterben mit getrostem Herzen entgegenzugehen, deine Schuld vor Gott und den Menschen einzugestehen. Darum können wir es uns leisten, getrost und freudig ins neue Jahr, ins Dunkel der Zukunft hineinzugehen, unter seinem Licht. Denn der lebendige Gott hat besucht und erlöst sein Volk.

Auf frühen Bildern malten Dich die Alten
Ein zartes Kind mit einem Strahlenschein
Und gaben Dir die Kugel Welt zu halten
In Deine Kinderhände, viel zu klein,
Nur zu umfassen die erdrückend schwere,
Doch hebst Du sie mit Sorgfalt sonder Müh,
Wie eine reif gewordene, pralle Beere.
Reif ist die Welt für Dich, Du ernte sie
Und berge sie in Deine Himmelsscheuer,
Die Leiden ohne Maß, der Tränen Flut,
Die Qualen ernte und der Schmerzen Feuer.
Die Erde blutet, schau das Meer von Blut!
Das Meer von Schuld hat uns von Dir geschieden,
Herr Jesu komm, ja komm mit Deinem Frieden!
Otto Bruder

Selig sind, die um Gerechtigkeit willen verfolgt werden;
denn ihrer ist das Reich des Himmels.
Heil euch, wenn euch die Menschen schmähen und verfolgen
um meinetwillen und dichten euch alles mögliche Schlechte an.
Seid fröhlich und jubelt;
es wird euch im Himmel großer Lohn werden.
Denn ebenso haben sie verfolgt die Propheten,
die vor euch gewesen sind.
Matthäus 5,10–12

Dein Licht sei unsre Weihnachtswonne
und lehre uns die Weihnachtskunst,
Wie man im Lichte wandeln soll
und sei des Weihnachtsglanzes voll ...

So haben wir in diesen Tagen gesungen und uns selber damit vorgesagt, daß Jesu Christi Kommen zu uns das Kommen des Lichtes ist in einem doppelten Sinn: Licht über unserm Dasein und Licht über unserem Wege.

Licht über unserm Dasein – das füllt uns mit Freude, und das umsomehr, je lichtloser unser Dasein ohne dieses Licht ist durch viele äußeren und inneren Mängel, weil wir Geldsorgen haben, bittere, wie wir unsere Familie und uns selbst durchbringen, oder weil uns Krankheit bitter plagt, weil uns das Altern schwermütig macht, oder weil wir als junge Menschen Angst vor dem Leben haben, weil der Jammer der Menschheit, die sich selbst zerfleischt und für die heute das Wort Vietnam genug sagt, uns alle Freude erstickt, oder weil wir abgesperrt sind durch die Mauer von Menschen, die wir lieben, oder weil wir ohne Mauer zusammen leben müssen mit Menschen, die wir nicht lieben und an denen wir uns reiben. Je dunkler unser Dasein, desto mehr, desto heller kann die frohe Botschaft wie ein Strahl hereinfallen, der alles ändert: Nicht mehr hoffnungslos jetzt, sondern unser Leben wie eine nächtliche Landschaft, auf die der Strahl der aufgehenden Sonne fällt; jetzt liegt sie im Morgendämmer, und der Mensch, der das erlebt, beginnt frischer zu atmen und faßt wieder Zuversicht zum Leben und Mut zum Dasein, und erst zaghaft und dann immer zuversichtlicher stimmen wir in den Freudenton der Weihnachtslieder ein. Licht über unserm Dasein!

Nun geht es vorwärts. Das Leben hört mit Weihnachten nicht auf, sondern fängt jetzt mit Weihnachten erst recht an, so daß es Leben zu heißen verdient. »Dein Wort ist meines Fußes Leuchte und ein Licht auf meinem Wege.« Licht über meinem Dasein nicht nur, sondern Licht auf meinem Weg, so daß ich weiß, wie ich jetzt weiter gehen soll.

Es ist ein Zeichen der tiefen Jesuserkenntnis der alten christlichen Kirche, daß sie den 2. Christfeiertag als den Tag des Märtyrers Stephanus begangen hat und damit sich selbst vor Augen gehalten hat, was das Weihnachtsevangelium ist: Präparation zum Martyrium im doppelten Sinn, daß mit der Weihnachtsbotschaft Licht fällt auch auf das härteste, qualvollste Sterben, wenn es nur im Blick auf Jesus geschieht, und zweitens, daß aber diese Weihnachtsbotschaft selbst ins Martyrium führt in des Wortes ursprünglicher Bedeutung (da heißt es einfach Zeugnis), ins Lebenszeugnis, und auch in des Wortes heutiger Bedeutung, nämlich ins Blutzeugnis hinein.

Das dürfen wir uns also nicht ersparen, wenn wir die ganze Weihnachtsbotschaft hören wollen und nicht nur das, was uns sofort wohl schmeckt daran. Darum nehmt es also bitte nicht als eine gewisse Sturheit oder Gedankenlosigkeit oder Rücksichtslosigkeit, wenn wir heute in unserer Predigtreihe über die Seligpreisungen einfach weiterfahren, ohne Rücksicht auf unsere weihnachtlichen Empfindungen oder Bedürfnisse. Denn diese letzte Seligpreisung, die heute dran ist, stimmt ja ganz mit der Stephanusgeschichte überein. Sie spricht davon, daß das Licht der Welt nicht nur in das Dunkel hereinfällt, in dem es uns vorfindet, sondern daß das Licht der Welt uns in besonderes Dunkel führen kann, nicht nur Trost in allem sonstigen Leiden ist, kräftiger Trost, sondern uns auch besonderes Leiden bereiten kann.

Denn hier ist ja von einem besonderen Leiden die Rede: von der Angst, von der Schärfe der Verfolgungszeiten, von dem Klopfen der Polizei an der Wohnungstür, dem scheuen Abrücken der Nachbarn, den Vernehmungen unter grellem Scheinwerferlicht, dem Liegen mit gefesselten Händen auf den Steinfliesen der kalten Zelle, dem Erhängtwerden im KZ am Weihnachtsmorgen. Nicht zu rasch sich freuen, damit man sich nicht zu rasch ärgert! »Siehe, ich habe es euch zuvor gesagt« (Matth. 24,25); »solches habe ich euch gesagt, damit ihr euch nicht an mir ärgert« (Joh. 16,1), so sagt Jesus. Wer von der Krippe kommt, auf den warten am Ausgang von Bethlehem Herodes und seine Gestapobeamten. Wer an der Krippe angebetet hat, dem raten schlaue Leute, sich das ja nicht anmerken zu lassen oder lieber abzuleugnen, sonst wird er nichts zu lachen haben. In der Welt werden andere Götter angebetet, und weh dem, der von ihnen abfällt. Wer das Kind in der Krippe anbetet, der betet einen Gekreuzigten an und solidarisiert sich mit einem Gekreuzigten, und das wird er zu spüren bekommen. Hinter der Krippe ist das Kreuz nie zu vergessen.

Warum ist das so, liebe Freunde, daß das Evangelium nicht

nur das Dunkel der Welt erleuchtet, sondern auch in so dunkle Tage führen kann, wie es uns von vornherein in den Weihnachtsgeschichten gesagt wird? Denkt daran, was der Stall und die Krippe eigentlich sagen wollen an Ausgestoßensein, und was auch die Geschichte von Herodes sagen will! Es ist deshalb so, weil, wie die ganze Heilige Schrift uns deutlich machen will, das Licht von uns Menschen so, wie wir sind, nicht sofort als Licht erkannt werden kann. Im Johannesevangelium steht gerade in dem Weihnachtsabschnitt »Also hat Gott die Welt geliebt . . .« wenige Verse darauf das Wort: »Die Menschen liebten die Finsternis mehr als das Licht.« Ein sehr rätselhaftes Wort, aber eine Wahrheit, die sagt: Ihr dürft nicht damit rechnen, weder bei euch selbst noch bei anderen, in der Kirche und außerhalb der Kirche, daß, wenn der Ruf des Euangelions, der frohen Botschaft, laut wird, die Menschen ihm entgegenjubeln wie Gefangene im dunklen Verließ dem Licht des Befreiers. Es müssen tiefe Veränderungen in uns stattfinden, durch Gottes Geist gewirkt, damit wir Finsternis als Finsternis und Licht als Licht erkennen. Darum ist es kein Wunder, daß viele gleichgültig vorübergehen an dieser Botschaft und viele mit Ablehnung und dann mit Zorn und schließlich mit Haß und, wenn sie können, mit Verfolgung darauf reagieren. Das hängt zusammen mit diesem Nichtselbstverständlich-Sein, Nicht-einfach-sichtbar-Sein des Lichtes als Licht. Sonst wäre Jesus nicht gekreuzigt worden. In der Finsternis kann man Freund und Feind nicht unterscheiden. In der Finsternis hält man seinen Freund für einen Feind und seine Feinde für Freunde.

Das hat Jesus uns zuvor gesagt, und darum besteht sein Unterricht in der Weihnachtskunst und dem, wie das aussieht, wenn Menschen des Weihnachtsglanzes voll sind, darin, daß er mit diesen Worten, mit dieser Seligpreisung drei Folgen von Weihnachten aufdeckt:

Die erste: Wie schon gesagt, wer das Evangelium als Licht erkennt und anbetet, muß damit rechnen, vom Evangelium in die dunklen Tage der Verfolgung geführt zu werden.

Das Bild allerdings, das Jesus hier von seiner Jüngergemeinde zeichnet, ist sehr unterschieden von dem Bild der christlichen Kirche heute bei uns in Westdeutschland und Westeuropa, aber auch in der DDR drüben, wo sie zwar schikaniert, aber ja nicht eigentlich verfolgt wird. »Christentum leicht gemacht« kann man darüber schreiben. Und warum auch nicht? Jesus meint ja nicht, daß der Christ Verfolgung provozieren soll, oder daß er sich wünschen soll, verfolgt zu werden, daß er sich dazu drängen soll. Es war durchaus legitim, wenn Martin Niemöller im Juni 1937, ein paar Tage vor seiner Verhaftung, in einer großen Bekenntnisversammlung hier im Schöneberger Prälaten ausrief: »Man sagt uns nach, wir drängten uns zum Martyrium. Ich muß aber offen gestehen, daß mir eine Flasche Wein immer noch lieber ist als ein Tag im Gefängnis.« Die Gemeinde darf sich das Martyrium nicht wünschen, im Gegenteil, auch um ihrer Verfolger und um der Schuld willen, die die auf sich häufen, ja nicht! Und es kann ganz legitim sein, wenn eine Gemeinde sich der Schätzung der Umwelt erfreut, wie es von der ersten Gemeinde im 2. Kapitel der Apostelgeschichte heißt: »Sie hatten Gnade bei allem Volk.« Aber wenn die Gemeinde so dran ist, dann fordert diese Seligpreisung sie auf, sich darüber klar zu sein: Dieser Zustand der Behaglichkeit und des Angesehenseins ist der gefährlichste und der verführerischste Zustand, und sie muß sich fragen, ob es nicht ein bedenkliches Zeichen ist, wenn sie gar nichts von Widerspruch und Feindschaft zu spüren bekommt. Es könnte ja sein, daß dies daher kommt, daß sie sich wohl an der Weihnachtsbotschaft gefreut hat, aber die Konsequenzen von Weihnachten weder verkündigt noch gelebt hat. Die Seligpreisungen sind die Beschreibungen der Konsequenzen von Weihnachten.

»Selig sind die Barmherzigen.« Barmherzigkeit ist eine Konsequenz von Weihnachten. Sind wir vielleicht deshalb wohl gelitten, weil unsere Barmherzigkeit sich vorsichtig in den Grenzen gehalten hat, in denen wir nicht in Konflikt mit mächtigen Interessen geraten sind? So vor 100 Jahren unsere christliche Barmherzigkeit gegenüber dem Proletariat, heute unsere Barmherzigkeit gegenüber den Hungernden in der Welt, gegenüber Vietnam, gegenüber den unterdrückten Farbigen.

Oder: Frieden stiften ist eine Konsequenz von Weihnachten. Sind wir deshalb so wohl angesehen, weil wir in der Vergangenheit den Kriegen religiöse Verklärung geliefert haben und in der Gegenwart unseren westlichen Parteien religiöse Munition liefern, statt uns mit Lebensgefahr zwischen die streitenden Parteien der Welt zu werfen und uns bei allen Parteien unbeliebt zu machen?

Für die Gerechtigkeit eintreten ist eine Konsequenz von Weihnachten. Sind wir leidenschaftliche Anwälte, wir Christen, der Gerechtigkeit gegen mächtige Ungerechtigkeiten? Oder sind wir so beliebt, weil wir doch diejenigen allein lassen, die unter Lebensgefahr für Gerechtigkeit und Frieden eintreten?

In diesem Vers hier ist Gerechtigkeit, für Gerechtigkeit eintreten und den Namen Jesu bekennen, eng miteinander verbunden. Jesus sagt uns in seinem Gleichnis vom Endgericht Matth.25, daß ihm diejenigen, die die Not der Menschen erkennen und für sie etwas tun, ohne daß sie seinen Namen bekennen, lieber sind als diejenigen, die seinen Namen bekennen und an der Not der Menschen vorbeigehen. Heute, das wissen wir, sieht die Welt draußen anders aus als im Frieden unseres Weihnachtszimmers. Sie ist, ob die Völker Weihnachten feiern oder nicht, erfüllt von grauenhafter, brutaler Entschlossenheit, das Recht des anderen niederzutreten, wenn meine Interessen das ratsam erscheinen lassen. Sie ist erfüllt von Gier nach Macht und Reichtum und erfüllt vom Stöhnen unterdrückter und entrechteter Menschen. Wo sind die Christen, die von Weihnachten herkommen, um der Gerechtigkeit willen leiden und so seinen Namen bekennen? Das ist die erste Frage von Weihnachten an uns.

Nun zweitens: Wie wird sich der Jünger, der vom Weihnachtsglanz so erfüllt ist, daß er den Weg der Barmherzigkeit, des Friedens und der Gerechtigkeit ohne Rücksicht auf sein Leben geht, wie wird er sich gegen die Verfolgungen erwehren? Das steht am Ende des 5. Kapitels der Bergpredigt, das mit den Seligpreisungen anfängt, in dem einfachen Satz: *»Betet für eure Verfolger!«* Die einzige Waffe der Jünger ist die Fürbitte für die, die sie verfolgen. Ein Ausleger sagt zu diesem Kapitel: »Die Existenz der Jünger verläuft jenseits aller Bürgerlichkeit.« Wenn einer das liest, könnte er meinen, die Jünger seien professionelle Gammler oder Zigeuner oder Bohemiens. Aber dieses jenseits aller Bürgerlichkeit ist viel radikaler gemeint, als je ein Bohemien oder ein Zigeuner das versteht, nämlich: womit führt man den Kampf des Daseins in der Bürgerlichkeit? Antwort: Mit Druck und Gegendruck. Entweder kanalisiert innerhalb der Gesetze, die den Kampf wohltätig noch abschwächen oder, wenn es hart auf hart geht, auch außerhalb der Gesetze. Wie sehr der Jünger außerhalb der Bürgerlichkeit steht, ist daran zu sehen, daß er nicht Gegendruck gegen Druck setzen kann. Er ruft seinen Herrn an, aber nicht gegen seine Verfolger, sondern für seine Verfolger. Karl Förster, der große Blumenzüchter, sagt: »Den, für den wir beten, den können wir nicht mehr hassen«, und Julius Schniewind, der große Ausleger des Neuen Testaments, sagt: »Mit dem, für den wir beten, können wir nicht mehr zanken.«

Nun möchte ich fragen: Wir beten für die Christen drüben und die Gemeinde unter ihrem Druck, aber wieviele Gebete hat unser Herr aus unseren Gottesdiensten auch für ihre Verfolger und Bedrücker gehört? Das eine wissen wir: Hätte die Kirche dieses »Betet für eure Verfolger!« befolgt, dann sähe die Kirchengeschichte dieser 2000 Jahre anders aus und wahrscheinlich auch die Geschichte der christianisierten Völker überhaupt. Aber es ist nicht zu spät. Es ist nie zu spät, wenn das Weihnachtsevangelium jedes Jahr zu uns kommt; nie zu spät, neu anzufangen als eine neue Jüngergemeinde. Schaut, die Verfolger und die Verfolgten sind doch eingemauerte Menschen, eingemauert in

Haß, in Fanatismus, in Druck und Gegendruck. Weihnachtsglanz heißt frei werden durch die Freude von Weihnachten zur Fürbitte, zur königlichen Freiheit der Liebe auch zu denen, die uns verfolgen.

Damit ist die dritte Folge von Weihnachten eigentlich schon gesagt, die in unserm Vers in dem Wort »Lohn« enthalten ist. »Euer Lohn ist groß im Himmel.« Das Wort Lohn befremdet uns in den Worten Jesu, wo wir darauf stoßen, und ganz mit Recht. Denn wir haben mit Recht das Gefühl, wenn einer des Weihnachtsglanzes voll ist, dann hat die Frage »Was kriege ich dafür?« keinen Platz mehr. Das Lohndenken ist weg. Aber das Wort Lohn behält einen wichtigen Sinn. Jeder von uns ist täglich beschäftigt mit der Frage: Welches Leben lohnt sich? Wie sieht Leben aus, das sich lohnt? Weihnachten ist die Beantwortung dieser Frage. Andere Menschen verfolgen, hassen, ihnen Feind sein – wenn es auch vielleicht alle tun um uns her –, das lohnt nicht. Auf Verfolgung, Haß, Feindschaft, Fußtritte, Beleidigungen mit Bitternis, Groll und ebenfalls Haß reagieren, auch wenn das sehr naheliegend und verständlich ist, das lohnt nicht, das werden wir alles bereuen, spätestens in der Ewigkeit. Aber Jesu Namen bekennen, barmherzig sein, sich zwischen kämpfende Menschen werfen und Frieden stiften, für Gerechtigkeit eintreten, dem Verfolger vor Gott Liebe zuwenden, ihn als einen armen, eingemauerten Menschen erkennen und Gott anflehen, daß er ihm befreiende Liebe zuschickt, das ist Änderung unseres Lebens. Das ist Leben, das sich lohnt in der Ewigkeit, im Himmel, wie es hier heißt, aber auch schon in der Zeit. Und das ist die rechte Weihnachtskunst, Jesu Unterricht in der rechten Weihnachtskunst.

Wir bitten Dich, Herr, daß wir dies ins Herz fassen und es nicht als strenge Forderung, sondern als eine freudenvolle Einladung verstehen und nicht vergessen, wenn wir jetzt von Deiner Krippe hinausgehen in das Dunkel der Welt, erleuchtet von Deinem Licht.

S. 17
Am 21. 12. 58 in Berlin-Dahlem. Zuerst veröffentlicht in: Zuspruch und Anspruch Neue Folge (ZA II), Chr. Kaiser Verlag München 1968, 48–54.

S. 25 und 31
Im Dezember 1939 in Berlin-Dahlem. Zuerst veröffentlicht in: ... und lobten Gott. Predigten – gehalten in der Gemeinde (Berlin-Dahlem 1938–1940), Neukirchener Verlag des Erziehungsvereins 1964, 171–176 und 177–182.

S. 37
Aus dem Jahr 1956. Zuerst veröffentlicht in: Göttinger Predigt-Meditationen 1956/57, 22–25 (Verlag Vandenhoek & Ruprecht, Göttingen).

S. 43
Am 25. 12. 38 in Berlin-Dahlem. Zuerst veröffentlicht in: Wir dürfen hören ..., Chr. Kaiser Verlag München 1941, 3–12; neu abgedruckt in: Zuspruch und Anspruch (= ZA I), Chr. Kaiser Verlag München 1954, 9–18.

S. 54
Am 25. 12. 65 in St. Blasien. Zuerst veröffentlicht in: ZA II, 179–185.

S. 63
Am 25. 12. 67 in Berlin-Dahlem. Zuerst veröffentlicht in: ZA II, 208–213.

S. 70
Am 26. 12. 59 in Berlin-Dahlem. Zuerst veröffentlicht in: ZA II, 68–74.

S. 78
Am 26. 12. 66 in Berlin-Dahlem. Noch nicht veröffentlicht.

HELMUT GOLLWITZER

Befreiung zur Solidarität

Einführung in die Evangelische Theologie.
232 Seiten. Geb. mit Schutzumschlag

Dieses Buch ist zusammenfassende Rechenschaft über den Erkenntnisweg und den Erkenntnisstand des streitbaren, engagierten Theologen Helmut Gollwitzer. Der breiten Zusammensetzung seiner Hörerschaft verpflichtet – das Buch resultiert aus den letzten Vorlesungen, mit denen Gollwitzer seine Lehrtätigkeit 1975 beendete – spricht Gollwitzer nicht in einer theologischen Fachsprache. Spürbar geht durch alle Teile des Buches der Impuls zum Aufbruch, zur Veränderung. So entstand ein Werk, das in seiner thematischen Vielfalt, in seiner Integrationskraft und seiner Sprache uns alle einlädt zur Teilnahme an der Befreiung zur Solidarität.

Das hohe Lied der Liebe

(Kaiser Traktate 29) 64 Seiten. 2. Auflage.

Wie die Freiheit zur körperlichen Freude aneinander allein gebunden sein sollte durch die Verantwortung gegenüber der geliebten »Person« und dadurch erst Eros möglich wird, der zur Agape fortschreitet, ist nachdenkenswert. Vor allem im Gespräch mit jungen Menschen kann dies Büchlein hilfreich sein, um sie einerseits vor Verklemmungen, andererseits vor einer sexuellen Freizügigkeit zu bewahren, mit der sie sich zugrunde richten.
Kirchliches Amtsblatt der Evang. Kirche von Westfalen

Gollwitzers Auslegung ist der Ansatz zu einer neuen, endlich zeitgemäßen Ethik der geschlechtlichen Liebe. Man darf nur hoffen, daß man in der Kirche und in der Theologie diese Anregung aufnimmt. Weil man aber unter Umständen darauf lange warten kann und man auch davon nicht zu viel erwarten sollte, wählt sich Gollwitzer alle Liebenden selber als seine Gesprächspartner.
Hessischer Rundfunk

Kaiser Traktate

Helmut Gollwitzer. Nachrufe. (Bd. 27)

Hans Frör. Ich will von Gott erzählen wie von einem Menschen, den ich liebe. (Bd. 28)

Helmut Gollwitzer. Das hohe Lied der Liebe. 2. Auflage (Bd. 29)

Eberhard Jüngel. Zur Freiheit eines Christenmenschen. Eine Erinnerung an Luthers Schrift. (Bd. 30)

Walter J. Hollenweger. Konflikt in Korinth. Memoiren eines alten Mannes. Zwei narrative Exegesen zu 1. Korinther 12-14 und Ezechiel 37. (Bd. 31)

Hans Häselbarth. Lebenszeichen aus Afrika. Erfahrungen in Briefen. (Bd. 32)

Gebete für mein Dorf. Aus dem Französischen von Ulrich Kabitz. 4. Auflage (Bd. 33)

Christof Bäumler / Jörg Baur / Georg Kretschmar / Peter Krusche. Gottes Stadt und unsere Städte. Die urbane Herausforderung des Christentums. Vier Reden. (Bd. 34)

Raymond Mengus. Wirkungen. Gespräche über Dietrich Bonhoeffer mit Eberhard Bethge, Gerhard Ebeling, Helmut Gollwitzer und Willem A. Visser 't Hooft. Aus dem Französischen von Rita Renoulet-Rebel. (Bd. 35)

Krister Stendahl. Der Jude Paulus und wir Heiden. Anfragen an das abendländische Christentum. Aus dem Englischen von Ulrike Berger. Mit einem Vorwort der Übersetzerin. (Bd. 36)

Alexander Carmichael. Das Kreuz in der Sonne. Altkeltische Gebete. Mit einer Einführung von Ulrich Kabitz. Aus dem Englischen von Marianne Czygan und Ulrich Kabitz. (Bd. 37)